KB125431

"살아 있다는 형언할 수 없는 감격으로
지구 위의 모든 생명체에게
이 책을 사랑으로 바친다."

"To dedicate this book to all of life
you are living on the earth."

화가가 본 인문학

화가가 본 인문학

초판 1쇄 발행 2016년 1월 1일

지 은 이 서봉남
발 행 인 권선복
편집주간 김정웅
디 자 인 송익영
마 케 팅 정희철
전 자 책 신미경
발 행 처 행복한 에너지
출판등록 제315-2011-000035호
주   소 (157-010) 서울특별시 강서구 화곡로 232
전   화 0505-613-6133
팩   스 0303-0799-1560
홈페이지 www.happybook.or.kr
이 메 일 ksbdata@daum.net

값 20,000원
ISBN 979-11-86673-29-4 (03190)

Copyright ⓒ 서봉남, 2016

행복한 에너지는 독자 여러분의 아이디어와 원고 투고를 기다립니다. 책으로 만들기를 원하는 콘텐츠가 있으신 분은 이메일이나 홈페이지를 통해 간단한 기획서와 기획의도, 연락처 등을 보내주십시오. 행복한 에너지의 문은 언제나 활짝 열려 있습니다.

'이상과 예술'로 본 인문세계

화가가 본 인문학

서봉남 글 · 그림

행복한에너지

목 차

제4부 에세이

제5부 또 하나의 가족 이야기

그림해설/

풍경화 김영재(미술평론가)
동심화 김승각(미술평론가)
종교화 정재규(미술평론가)

제1부
인문학의 지혜를 담은
특별강의

우주 이야기
Story of Universe

1강. – 우주이야기 (1) –

생각의 순서

나는 지구 위에 작은 우주인, 한 인간으로 태어났다.
뱃속에서는 이미 두뇌(철학)로 생각하며 귀(음악)를 통해서 소리를
들었고 세상에 태어나서는 입(문학)이 열리면서 언어를 시작하고
눈(미술)을 통해서 세상을 보기 시작하였습니다.

지구가 생기고 그곳에 작은 우주 사람이 살고 있습니다.
사람은 태어나면서부터 경쟁하면서 세상에 태어납니다. 여러
분은 지금부터 자신이 사람의 씨앗이라고 생각하면서 들으시
기 바랍니다. 나는 아버지에게서 떠나 형제자매들과 경쟁하
여 어머니 애기 방에 나 혼자 도착했습니다. 그동안 형제자매
들과 경쟁하느라 긴장되고 힘들었던 나는 조그마한 공간 속에
서 포근함을 느끼며 평안한 안정을 찾게 되었습니다.

어머니가 주는 영양분을 탯줄을 통해서 공급받으며 무럭무
럭 자랍니다. 나에게는 먼저 두뇌가 생기고 그것이 머리로 형
성되더니 5개월쯤 시간이 흐르니 이런저런 생각들을 감지하

봄 소식 캔버스 유채 53.0 × 45.5 **서봉남作**

봄소식(봄, 소식, 환희, 꽃, 전화, 사슴, 화사함, 메시지, 도약)이라는 등식이 성립할 수 있을 만치 이 작품은 분명한 도식화의 과정을 보여주고 있다. 이 엉뚱한 도식화를 강조하는 것으로서 색채의 상징성을 들 수 있다. 화면에서 흰색은 겨울이고 붉은색은 봄이다. 설원에 순록이 뛰어놀고 있는 것은 봄을 기다림(待春)의 상징화, 봄이 오고 있음의 상징화이다.

며 꼬리를 물고 나타납니다.

6개월이 지나니까 귀도 생기고 눈, 코, 입이 뚜렷하게 만들어지면서 나만의 방 밖에서 들리는 생생한 음향을 듣고 있었습니다. 아름다운 음악소리가 들리더니 또 알 수 없는 단어들이 들리기 시작합니다. 그리고 코와 입과 눈도 만들어졌고 싱싱한 빛은 보았지만 문이 굳게 닫혀있어서 그것들은 아직 잠을 자고 있습니다.

7개월, 8개월... 시간이 가면서 나의 몸통에서 팔과 발이 생겼고 귀여운 손톱까지 생겨났습니다. 이따금씩 팔과 다리를 펴보기도 합니다.

드디어 10개월이 지나면서 엄마 방에서 세상으로 나왔습니다. 나는 세상에 나오자 무엇인지 모르지만 바로 배우기 시작하며 누가 가르치지 않아도 모든 것을 자연히 깨달아 갑니다.

코의 문이 열리면서 숨도 쉬고 냄새를 맡을 수 있었고 의사선생님이 나의 궁둥이를 힘껏 때리는 바람에 입의 문이 열려서 울기 시작했습니다.

나는 세상에 나온 2개월 후에는 눈의 문이 살포시 열리면서 눈부신 아름다운 세상을 보게 되었습니다.

5개월이 지나고 성장하면서 우주를 배우며 앉고 서고 걷기도 했습니다.

그러니까 지구의 생성에 이어 그 지구 위에 작은 우주 인간인 내가 태어난 것입니다.

뱃속에서는 이미 두뇌(철학)로 생각하며 귀(음악)를 통해서 소리를 들었고 세상에 태어나자 입(문학)이 열리면서 언어를 시작하였고 눈(미술)을 통해 세상을 보기 시작하였습니다. 이어서 육체가 성장하면서 그 육체(무용)로 다양한 행동을 하게 되었습니다.

이러한 순서로 강의를 하도록 하겠습니다.

2강. — 우주이야기 (2) —

지구창조 과정

지구를 쉽게 표현하자면 동그란 계란을 생각하면 됩니다. 중간에는 노란 불덩어리가 있고 그 위에 투명한 물과 광물성 땅이 있지요. 껍질은 지구의 대기권(온도의 분포에 따라 밑에서부터 대류권, 성층권, 중간권, 열권)으로 생각하면 됩니다.

내가 어린 시절에 모래밭에서 나만의 성을 재미있게 만들어 보았듯이, 옛날 아주 오랜 옛날 하나님께서도 우주 어느 곳에 아름다운 동산을 만들고 싶으셨나 봅니다. 하나님은 허공에 떠 있는 헤아릴 수 없는 수많은 별들을 바라보시다가 불로 된 별(태양) 옆 가까운 곳에 물로 된 별(지구)과 바로 그 가까운 곳에 돌로 된 별(달), 이 세 별이 사이좋게 옹기종기 모여 있는 것을 보시고 "이곳에 동산을 만들어야지……,"라고 생각하셨나 봅니다.

우선 물로 가득 차 있는 물별(지구)을 향하여 "물이 둘로 나뉘어져라!"고 하시자 곧, 물의 절반이 공중으로 올라가서 구름으로 변하고 절반의 물이 남으니까 한 덩어리의 뭍(땅)이 드러났습니다.

한참 후.

몇 억만 년 전 지구 속의 불덩어리가 시원한 물 때문에 차츰 식어져 광물이 되자 그 광물 위에 식물이 자라고 잎이 떨어져서 쌓이고 또 떨어져 쌓여서 그것이 흙이 되었습니다.

지구 위에 식물이 자라면서 움직이는 동물들, 그러니까 식물을 먹을 수 있는 동물(채식), 동물을 먹을 수 있는 동물(육식)과 하늘을 날아다니는 동물(조류)들을 말씀으로 1차 생명체를 만드시니 보기에 좋아하셨습니다.

그러나 1차 지구 탄생 땐 하나님은 동물들을 만드신 경험이 없으셨는지 균형이 안 맞는 엉성한 생명체를 만들었습니다.

즉, 어떤 공룡은 집 덩어리만큼 크고 어떤 공룡은 손가락만큼 작고 또 큰 공룡들의 몸집은 균형이 잡히지 않아 기우뚱하며 걷는 것이 불안하고 채식공룡은 풀이 나오자마자 먹어치우고 육식동물들은 자기들끼리 싸우며 채식공룡들을 잡아먹는 등 지구의 생명체가 불균형을 이루어 하나님이 만드신 지구를 망가트리고 있는 것을 보시고 만족하지 않으셔서 실패작으로 생각하셨나 봅니다.

내가 어린 시절에 모래성을 쌓다가 만들어 놓은 것이 마음에 만족스럽지 않으면 두 손으로 모두 망가뜨리고 다시 시작하였듯이, 하나님께서도 같은 생각을 하셨나 봅니다.

하나님은 물을 뒤엎으시니 이때 땅 위의 모든 식물과 동물들 1차 생명체가 모두 죽고 처음 만들 때 하나였던 땅 덩어리가 2차 탄생이 되면서 이번에는 여섯 덩어리로 갈라졌는데 이것을 오대양 육대주라고 합니다.

그 후 지구는 2차 생명체가 다시 태어났습니다.

다시 만든 생명체의 균형이 잡혔으며 이때에는 사람도 등장합니다. 이때가 100만 년 전의 일입니다.

하나님께서는 한 번의 실패 경험을 토대로 이번에는 더 아름답고 조화로운 식물과 동물들을 다시 만들었고 당신을 닮은 사람까지 새로 만드셨는데 하나님 보시기에 좋아하셨습니다.

지구 위에 사람이 생명을 유지하기 위해서 눈에 보이는 3가지(물, 식물, 동물)와 눈에 보이지 않는 3가지(산소, 질소, 수소)를 주셨습니다.

이 모든 것을 사람에게 공짜로 주셨는데 그 후 사람을 에덴동산에서 내보내면서 두 가지는 즉, 식물과 동물은 인간이 노력

◀ **천지창조** 캔버스 유채 60.6×72.7 **서봉남**作

창조 작품에 표현된 하나님의 손, 6일 동안의 창조행위를 작은 우주 덩어리로 표현하였고 아담과 이브는 신비로운 탄생의 기쁨을 하나님께 감사드리는 것으로 그렸다. 오른쪽 하단에는 앞으로 다가올 선악을 알게 될 선악과와 뱀이 상징적으로 그려져 있다. 생명의 근원인 초록색으로 현실감 있는 분위기로 주제가 더욱 숭고하게 느껴진다.

해서 가꾸어 먹고 살도록 하셨답니다.

지구를 쉽게 표현하자면 동그란 계란을 생각하면 됩니다.
중간에는 노란 불덩어리가 있고 그 위에 투명한 물과 광물성
땅이 있지요. 껍질은 지구의 대기권(온도의 분포에 따라 밑에
서부터 대류권, 성층권, 중간권, 열권)으로 생각하면 됩니다.
그런데 만약 지구가 똑바로 세워졌었다면 큰일 날 뻔했어요.
지구가 약 23.5도 기울어졌기에 다행이지... 만약 똑바로 세워
졌었다면 지구의 위아래는 어두움밖에 없어서 생명체도 살 수
없고 사람이 갈 수도 없었을 것입니다. 다행히 지구가 기울어
졌기 때문에 태양이 지구 구석구석을 비추어서 사람도 살고
생명체도 살고 있습니다.
지구 주변에는 불덩어리 태양과 돌덩어리 달이 있기 때문에
지구가 살아있는 것입니다.
지구는 정지돼 있는 태양을 보며 돌고 달은 지구 반대쪽으로
돌면서 지구 어두운 곳에 태양빛을 받아 비춰주는 거울 노릇
을 하니까요.

여러분들도 어린 시절 모래밭에서 자기만의 성을 쌓았는데
만약 내가 만든 성이 마음에 들지 않았을 땐 속상해서 무너뜨
리고 다시 쌓았을 것입니다. 그리고 그것이 성공했을 때는 만
족해서 기뻐했겠지요. 나도 그랬으니까요.

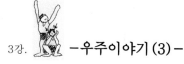

3강. 　－우주이야기 (3) －

사람은 작은 우주

지구에는 지천(池川)이 있으며 사람에게는 핏줄(血管)이 있고, 지구에는 암층(岩層)이 있으며 사람에게는 뼈(骨)가 있고, 지구에는 용암(鎔岩)이 있으며 사람에게는 골수가 있고, 지구에는 1년 12개월이 있으며 사람에게는 12개의 척추뼈가 있다고 합니다. 이렇듯이 지구와 사람은 닮은꼴이 너무 많아 작은 우주라고 합니다.

"여러분! 개미가 사람을 볼 때 뭐라고 할까요?"

개미들이 사람을 볼 때 '사람은 큰 거인으로서 하늘에서 산다!' 고 말할 것입니다.

다시!

"여러분들은 어디에서부터 하늘이라고 생각합니까?"

하늘의 시작은 땅의 경계선부터 하늘입니다.

그러니까 우리는 땅을 밟고 있지만 사실은 하늘에서 살고 있는 것입니다.

그래서 개미들은 그렇게 생각하고 있는 것입니다.

우리 사람은 하늘에서 살되 잠잘 때와 죽은 다음에야 육체를 땅에 신세지는 것입니다.

또 하나, 여러분들은 군인들의 계급장을 보셨을 것입니다. 사병들은 작대기, 하사관은 꺾어진 작대기를 쓰는데 이것은 자연을 말하고, 다음으로 장교는 다이아몬드를 쓰는데 이것은 땅 위의 보물이란 뜻입니다.

그 위로는 태양을 사용하는데 이를 영관(領官)이라 하고, 그 다음은 별을, 그것은 우주라는 표시입니다.

이렇듯 군대의 계급 서열 또한 서양권에서 자연을 토대로 만든 것입니다.

우리의 동양권에서는 사람을 '작은 우주'라고 말합니다. 그

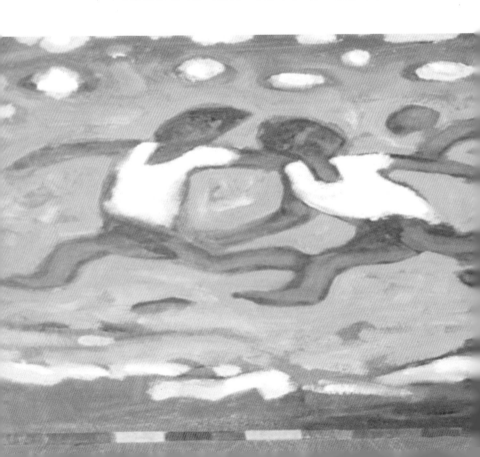

런데 사람들은 정작 자신이 동물과 같다는 생각을 하면서 주위의 현실만 보면서 살고 있습니다.

사람들은 위아래는 안 보고 앞뒤 좌우만 보니 모두 사람만 눈에 보이는 거예요. 좋은 사람, 나쁜 사람, 뚱뚱한 사람, 홀쭉한 사람, 큰 사람, 작은 사람, 예쁘게 생긴 사람, 못생긴 사람 등

별 따러 가자 캔버스 유채 106.0×91.0 **서봉남作**

들을 달리는 마음은 어린이들 세계가 아니면 참맛을 모르는 것, 힘들다는 것은 생각조차 할 수 없는 일, 신나게 달리는 것만이 아이들의 즐거운 한때, 별도 따고 또 무엇도 따고, 그런 호기심에의 욕구는 순수한 것들, 작가의 회화적인 구도, 그리고 풀밭을 황토색 계통으로 의장한 것이 매우 좋다.

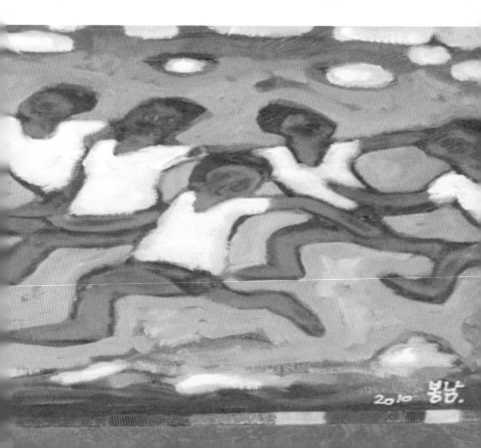

등…

그것들을 모두 나와 비교하여 보니 스트레스가 쌓이고, 그것들을 안 보고 혼자 살자니 외롭고 고독하여 우울증이 생깁니다. 그것은 지금 사람들이 현실만 보기 때문인 것이지요. 그러나 우리는 지금 하늘 속에서 산다는 것을 알게 되었으니 우리 한번 하늘로 동심의 세계로 날아가 볼까요? 몇 억만 년 전 지구와 땅 위에서 1차 생명체가 살았는데 오랜 후에 지구 위에는 물과 땅이 갈라지고 폭발해서 망가지고 그 후 모든 생명체가 다시 태어났습니다.

지구와 사람을 비교해 볼까요.

지구의 물은 약 70퍼센트, 땅은 약 30퍼센트이듯이 사람에게도 몸속에서 피(물)가 약 70퍼센트, 뼈와 살붙이가 약 30퍼센트로 구성되어 있습니다.

땅속의 불덩어리가 바다의 물을 끓이면 온도가 높아지고 광물성 돌 사이로 물이 올라가 더 높이 갈 곳이 없을 때에는 샘물이 되어 땅 밖으로 나와서 다시 아래로 흐릅니다.

지구 중간에 불이 있듯이 사람들 가슴 속에도 불(심장)이 있어서 맥박을 통해 피(물)를 순환시킵니다.

땅속에서 물을 위로 솟게 만든 것처럼 사람도 동맥으로 피를 솟게 하고, 물이 낮은 곳으로 흐르게 되듯이 정맥은 인체 안으로 넣어주는 역할을 합니다.

다시 말해서,

지구의 1차 탄생 때는 바다 하나 땅덩어리 하나였었는데, 지구의 2차 탄생 때는 물과 땅덩(六大洲)로 갈라졌고 사람의 몸속에도 오장(五臟) 육부(六腑)가 있습니다.

지구에는 지천(池川)이 있으며 사람에게는 핏줄(血管)이 있고, 지구에는 암층(岩層)이 있으며 사람에게는 뼈(骨)가 있고, 지구에는 용암(鎔岩)이 있으며 사람에게는 골수(骨髓)가 있고, 지구에는 1년 12개월이 있으며 사람에게는 12개의 척추뼈가 있다고 합니다.

이렇듯이 지구와 사람은 닮은꼴이 너무 많아서 작은 우주라고 합니다.

밤하늘을 바라보면 무수한 별빛이 반짝거립니다. 그런데 자세히 들여다보면 그 별들은 파란색과 노란색 별이 있습니다.

천문학자들은 밤마다 하늘을 바라봅니다. 하늘에서 별들이 지구를 향해 돌진해 오는데 파란색 별이 오는 것은 환영하는데 노란색 별들을 경계한답니다.

노란색 별은 돌덩어리이기 때문에 지구에 부딪히면 위험하지만 얼음덩어리 파란색 별들은 지구 궤도에 들어오면 얼음이 물로 변해서 구름이 되어 지구를 유익하게 하기 때문입니다.

지구에 있는 물도 수증기가 되어 하늘에 올라가 구름이 되지만 증발되는 물은 매우 적은 양인데 다행히 별에서 온 파란색 별이 고맙기 그지없답니다.

여러분! 지구본이 내 손에 있다고 합시다.

둥그란 지구본에는 수평으로 선이 그어 있지요.

그 선의 20도에서 40도선을 수박 자르듯이 자르면 둥그란 링이 나오겠지요?   인구 학자들에 의하면 지구에 살고 있는 사람 전체의 3분의 2가 그 링의 띠 속에서 살고 있답니다.

그 지역이 곧 사계절이 분명한 지역이기 때문이지요.

우리가 표현할 때 위쪽은 '북'이라 하고 아래쪽을 '남'이라고 합니다. 그리고 그 링을 또 반을 자르면 오른쪽은 '동'이라 하고 좌측을 '서'라고 합니다.

중요한 것은 동방과 서방은 미술, 음악, 문학의 문화가 많은데 북방과 남방은 시각적인 미술문화가 별로 없습니다. 그 이유는 다음 강의 때 들려드리기로 하겠습니다.

주 : 고고학자들은 화석에서 발견된 공룡들을 보며 공룡은 땅이 평평한 곳에서만 살 수 있다고 발표했고, 지질학자들은 높은 산 정상에서 바다 생명체 화석들을 발견한 것을 근거로 지구가 2차 폭발할 때 땅과 땅이 밀려 솟구치며 땅의 결이 솟은 것들을 근거로 평지가 솟아올라 산이 되었다고 발표했다.

4강. —우주이야기 (4) —

아름다운 금수강산

봄마다 몽골 고비사막에서 불어오는 바람은 중국을 거쳐 한국으로
불어옵니다. 굵은 모래는 중국에 주고 우리나라에는 고운 모래를
내려주어 수만 년 동안 쌓이고 쌓여서 지구에서는 드물게 아름다
운 좋은 땅이 되었고 우리 땅에 떨어진 미세 모래 덕분에 육지는 황
토 흙, 바닷가는 갯벌의 고급스러운 땅이 되었습니다.

옛날사람들이나, 아니 지금도 우리나라 사람들은 우리 땅
을 아름다운 금수강산이라고 합니다. 그것은 맞는 말인 것 같
습니다.

그런데 어떤 이들은 우리 땅에 자원이 없다고 말하지만, 사실
은 우리 땅과, 땅속에 보물들이 있고 겉으로 보기에도 우리의
땅, 즉 흙이 좋다는 것입니다.

아주 오랜 옛날에 지구의 폭발이 일어나고 광물성의 돌들이
오랜 세월동안 작은 물방울로 인해 부서지고 결국은 모래가
되어 그것이 흙이 되었고, 어느 지역에는 숲이 이루어져 그 잎
이 떨어져 모래와 버무려진 흙이 된 우리 국토입니다.

지구를 전체로 보면 동방의 작은 땅, 대한민국 반도는 세계의

중앙에 보석처럼 자리 잡고 있고 우리 땅 양옆으로 그러니까 동쪽은 일본이 옆 울타리를 둘러싸고 있고 바다 건너편 아메리카 대륙이 백호처럼 보호하고 있고 서쪽 편에는 든든한 중국의 울타리가 그 밖에 유럽에서 아프리카까지 우리나라를 청룡처럼 감싸고 있습니다.

우리나라 북서쪽 사막지역인 북방 몽골의 고비사막에서 매년 봄이 되면 공기의 온도차이로 생겨난 바람이 동남쪽을 향해 불기 시작합니다. 그 바람 속에는 모래를 실어 중국 북방 대륙에 굵은 모래를 쏟아붓고 우리 땅에는 작은 미세모래를 뿌리는데 이것을 몇 만 년 동안 뿌려대니 환경이 달라졌습니다.

옛날 중국은 넓은 평야지역에 천산산맥에서 거대한 황하강과 장강의 물이 내려오고 북방에서 내려온 모래가 합쳐져 옥토가 되면서 농경사회가 되었습니다. 그 지역은 문화도 왕성하게 성행하였는데 그들은 땅의 축복으로 도자기 문화도 생겨나서

◀ **고려청자의 고향** 캔버스 유채 65.2×53.0 **서봉남作**

평범한 자연풍경(청자매병, 신비의 새, 싸인, 식별표지)으로, 여기에서 풍경은 청자가 만들어졌던 수려한 풍광, 청자의 날렵한 선이 신비의 새와 함께 비상할 듯한 느낌, 또는 불 속에서 생명을 얻은 불사조와 같은 것으로 분석될 수 있을 것이다. 여기서 서봉남의 은유법을 엿볼 수 있는 것은 실제 모든 것의 초점이 되어야 할 청자가 비록 전경에 나와 있기는 하지만 새의 날개와 날갯짓에 가려져 있고 또는 주변에 파편으로 있다는 점을 들 수 있을 것이다. 그러나 마치 불 속에서 구워짐으로써 투명한 비색을 자랑하는 청자나 불 속에 몸을 던짐으로써 새로운 생명을 얻는 불사조처럼 서봉남의 은유는 가림으로써 더욱 강한 상징성을 띠는 그러한 것이라고 말할 수 있다.

결국 청자기까지 만들게 되었습니다. 그런데 우리나라 땅에는 고운 모래를 내려주어 수만 년 동안 쌓이고 쌓여서 지구에서는 드물게 좋은 고급스러운 옥토가 되었습니다.

우리의 땅 북동쪽 지역은 백두산맥과 태백산맥줄기로 뻗어 내려 오면서 나뭇잎으로 만들어진 흙과 광물성 바위가 무너진 흙이 합쳐져 있고 서남쪽 평야 지역으로 떨어진 미세 모래는 풀뿌리와 합쳐져 황토색 옥토가 되었고 서해지역 육지 주변에 떨어진 미세모래는 짠 바닷물이 밀물과 썰물로 반죽을 하여 풍성한 생명의 영양소인 갯벌이 되었습니다.

중국에서는 이미 청자라는 도자기가 만들어져 세계에 팔려 나가면서 한국에도 들어오게 되었습니다. 중국에서 만든 청자는 그 지역 흙이어서 굵고 거칠어 보였지만 훗날 우리나라에서도 우리 흙으로 청자를 만들어 내니 세계가 놀랐습니다.

세계에는 없는 오랜 세월동안 짠물이 반죽해 놓은 '고령토'라는 흙이 생겨났거든요. 그것으로 만드니까 청자는 투명하고 유리처럼 맑아서 세계의 보물이 되었습니다.

"여러분! 이천지역에는 도자기 만드는 공장이 많은데 그곳에서도 고령토가 나올까요?"

아닙니다. 고급스러운 도자기를 만드는 흙은 남쪽지역에서만 나옵니다.

옛날 그곳 흙인 고령토로 빚어 만들어서 한양의 임금이 사용하도록 드리기 위해 소달구지에 싣고 보름 동안을 오다보니 그릇이 80% 이상이 깨어져 버렸답니다.

그래서 도자기를 궁 가까운 지역에서 만드는 것이 좋겠다는 아이디어가 나와서 당시 경기도 이천지역에서 생산된 쌀이 궁에 들어갔는데 그 지역으로 남쪽 고령토와 도공들을 이주시켰답니다.

사람은 경쟁하면서 태어난다.

현재 직업의 종류를 보면 후진국에는 약 5,000가지의 직업이 있고, 중진국인 우리나라는 15,000가지 직업이 있다고 3년 전에 발표했습니다. 그리고 선진국은 약 30,000가지의 직업이 있다고 합니다. 시간이 갈수록 그 직업들의 종류도 많아질 것입니다.

지구에는 시각적으로 보이는 3대 생명체가 있습니다.

하나는 식물성, 두 번째는 동물성, 세 번째는 사람입니다.

어느 농부가 100개의 씨앗을 뿌리면 100개의 싹이 올라와 자랍니다. 개구리가 100개의 알을 낳으면 100마리 올챙이가 나옵니다. 그러나 사람은 그렇지가 않아요.

사람이 태어나는 데는 경쟁을 해야 한답니다.

사람의 남녀 한 쌍이 결혼하여 남자가 평생 동안 약 1,500억 개의 씨앗을 뿌리는데 그중에 2, 3개 정도가 성공한답니다.

지금 지구 위에는 60억 명이 살고 있는데 그중에 60억대 일로 유일한 한 분이 바로 당신입니다.

서양에서는 아이가 세상에 태어나는 날부터 사람대접을 하는데, 동양권에서는 뱃속에 있을 때부터 계산은 하면서도 태어나면 아기, 유아, 청소년, 청년까지 사람으로 대접을 안 합니다.

　청년이 되면 남녀가 '사랑'을 하기 시작하는데 사랑 밑에는 동그라미 바퀴가 있어서 불안한 시기로 봅니다.

　그 남녀가 결혼을 하면 비로소 성인 대접을 하면서 '사람'이란 명칭을 줍니다.

사람은 받침 밑이 네모로 안정이 되었다는 표시입니다.

　두 남녀가 새 가정을 꾸렸으니 서로 일을 해야 하는데 그것은 '사람'을 합치면 '삶'이 됩니다. 국어사전을 보면 '삶'은 '살아가는 것'이라 기록되어 있습니다.

한국어에서는 삶이 비로소 완전한 사람이 되었다는 뜻인데, 중국의 한문을 보아도 똑같습니다.

　남자와(여자보다 20퍼센트 체격이 큰 남자) 여자가 사랑을 시작하면 사람 '人'자 되고, 결혼을 하면 한 일자가 붙어서 '大'자가 됩니다. 이때 비로소 '인간(人間)'이란 칭호가 붙습니다.

　간(間)자를 보면 문(門)이 있고 그 밑에 태양(日)이 있는데 그것은 태양이 뜨면 문을 열고 나가서 일하고 태양이 지면 집에 들어오라는 말입니다.

　그래서 남녀가 결혼하면 일을 해야 한다는 뜻이 한국이나 중국도 같습니다.

사랑A 캔버스 유채 53.0×45.5 **서봉남作**

    사람은 결혼하면 직업 하나를 가져야 하는데 직업의 종류를 보면 후진국에서는 약 5,000가지의 직업이 있고, 중진국인 우리나라 경우 15,000가지 직업이 있다고 몇 년 전에 발표했어요. 그리고 선진국은 약 30,000가지의 직업이 있다고 합니다. 시간이 갈수록 그 직업들의 종류도 많아질 것입니다.

    불행하게도 우리나라는 직업 전체를 수직으로 만들어 놓았습니다.

제일 높이 있는 직업의 세 가지는 어떤 것일까요?

서양에서는 세 가지 가운 입은 직업(종교인, 법관, 의사)을 상위로 여깁니다.

그런데 우리나라는 두 가지 가운만 선호합니다.

그중 하나는 인간이 지은 죄의 심판을 결정하는 법관이 차지하고 또 하나는 병이 든 사람을 치료하는 의사가 직업의 상위에 있어서, 모든 젊은이들은 상위의 두 직업을 향해 몰려서 치열한 경쟁을 하고 있습니다.

서양권에서는 직업을 수평으로 놓았기에 1등이 직업의 수만큼 3만 명이라는데 우리나라에서의 1등은 고작 1명에 불과합니다.

사실은 인간의 직업은 인구 수대로 60억 개가 있어야 되는 것이 아닐까요?

또 하나의 작은 우주, 봉남이

나의 어린 시절 나만의 공간인 방이 편했고 혼자 노는 것이 평화롭고 좋았습니다. 나 홀로 방에 조용히 앉아서 상상의 세계를 펴기 시작했고 그것들을 그림으로 그리면 더없이 행복했습니다. 그래서 나는 자연적으로 그림 그리기 좋은 손'이 발달하였나봅니다. 성격 또한 내성적으로 변해서 화가에게 어울리는 성격이 된 것은 천만다행이며 행운이었는지도 모릅니다.

옛날, 아니 나에게는 아주 가까운 옛날.

나의 양 옆에는 약 1,500억 명의 친 형제 자매가 있었습니다.

어느 날, 우리 형제자매들은 수평선으로 줄을 섰고 "땅!" 소리와 함께 달리기 경주가 시작되었습니다. 우리 형제자매들은 서로 앞서거니 뒤서거니 힘을 내어 하늘 위에 떠 있는 하나밖에 없는 별을 향하여 뒤질세라 있는 힘을 다 내어 달렸습니다.

여러분! 놀라지 마시라.

1,500억 대 1로 그 어려운 경쟁에서 내가 1등, 그러니까 나 홀

로 골인한 거있지요. 나는 경주하는 동안은 긴장되고 아슬아슬했고 정신이 없었는데, 1등의 영광과 황홀한 광경이 나에게 주어졌으니 행운과 기적이 아니겠어요? 나는 커다란 승리감과 황홀경에 빠져서 어쩔 줄 몰라 감격하였고 가슴이 북받쳐 오르는 감정을 억누르지 못하여 응애응애 울면서 지구 위의 60억 명 중 한 인간으로 아름다운 세상에 태어났답니다.

하나님이 인간에게는 탄생 과정에서도 엄청나게 힘들고 어렵게, 상상할 수 없는 수많은 경쟁을 뚫고 나서야 비로소 세상에 태어나게 하신 것입니다.
그래서 인간은 태어나면 '만물의 영장'이라고 하며 '존중스럽고 영광스럽다'고 하지 않습니까. 나는 이러한 모든 것을 하늘로부터 선물로 받고 세상에 태어났습니다.

내가 세상에 나와 보니 형 둘과 누나 한 명이 이미 먼저 와 있었습니다.
이어서 남동생 둘, 여동생 한 명, 그러니까 위로 셋, 아래로 셋. 나는 중간에 끼어서였는지 어린 나이에도 힘들고 불행하다고 생각했습니다.
그것은 부모님의 사랑이 동생들에게만 쏠려 있었고 나는 모든 가족들의 무관심 속에 있는 것처럼 보였기 때문입니다.
나는 어린 시절 가족들의 사랑을 못 받으며 나 홀로 성장해야만 했습니다.(어린 시절 나 혼자만의 잘못된 생각이었지요)

용용 약 오르지 캔버스 유채 45.5×38.0 **서봉남作**

마루 밑에 숨었다가 또 그렇게 마루 밑에 엎드려서 친구, 동생, 형, 누나, 언니들을 용용 죽겠지! 하고 약 올리는 모습은 상상만 해도 입이 벌어지며 웃음이 쏟아진다.
용용 약 오르지!/ 용용 죽겠지! 약 올라 죽겠지!/ 꽁꽁 숨었으니까 못 찾을 거야!/ 못 찾아!/ 못 찾겠지?/ 못 찾아!/ 낄낄낄!/ 웃지 마 들켜!/ 안 들켜!/ 약 올라 죽을 꺼야!/ 용용 죽겠지, 약 올라 죽겠지!/ 꽁꽁 숨었으니까 못 찾는다구, 못 찾아!/ 엄마술래 아빠술래 용용 죽겠지!/ 신나게 찾고 있겠지?/ 마루 밑에 숨었으니까 못 찾아!/ 용용 약 올라 죽겠지!/ 낄! 낄! 낄!
이토록 귀엽고 순진하고 천진스러운 것도 없다. 어른들 세계에서는 찾아 볼래야 볼 수 없는 것이 바로 이런 것들이다.

위로 형과 누나는 집 밖으로 활동하여 몸, 특히 발이 발달하며

성격 또한 활발했고, 아래로 동생들은 부모의 사랑을 받으니

얼굴이 펴져서 외향적인 성격으로 발달해갔습니다.

내가 집 밖에 나가면 동네 아이들은 나를 보면서 "봉남이네 어린아이 감기 걸렸네. 에이 취!" 이 노래를 부르며 "에이 취! 에이 취!"하면서 놀리는 것이었습니다.

나는 놀림감이 되는 내 이름 '봉남'이가 싫었고 그 이름을 지어준 부모님까지 미워했었습니다.

훗날 나는 성인이 되어 화가가 되고, 어린 시절의 내용들을 작품 소재로 다루어서 동심화가로 알려지게 되었습니다.

'봉남'이라는 나의 이름과 동심 작품, 그리고 그림 속의 아이들 얼굴이 나의 얼굴과 닮았다고 사람들이 말하며 이름, 그림, 내가 삼위일체가 된다고 칭찬하는 말을 듣고부터는 부모님에게 감사하다는 마음이 되었습니다.(앙드레 김 선생님은 '봉남' 이란 이름을 바꾸어서 유명해지셨지만, 나는 안 바꾸어서 보통 사람으로 남아 있나 봅니다)

나는 어린 시절에는 밖에 나가는 것이 싫었고 나만의 공간인 방이 편했고 혼자 노는 것이 평화롭고 좋았습니다. 나 홀로 방에 조용히 앉아서 상상의 세계를 펴기 시작했고 그것들을 그림으로 그리면 더없이 행복했습니다. 그래서 나는 자연적으로 그림 그리기 좋은 '손'이 발달하였습니다. 성격 또한 내성적으로 변해서 화가에게 어울리는 성격이 된 것은 천만다행이며 행운이었는지도 모릅니다.

제2부
인문학의 지혜를 담은
특별강의

생명이야기
Story of Life

7강. - 생명이야기 (1) -

존중받아야 할 사람

어렵게 탄생한 자식을 바라보는 부모의 마음은 어떨까요? 그들이 탄생시킨 그 아이는 세상의 그 무엇보다도 귀하고 무엇과도 바꿀 수 없는 귀한 존재이기 때문에 자식들을 자신의 목숨보다 더 귀하게 생각합니다. 그래서 모든 부모는 그 아이에게 많은 소원을 빌어 줍니다.

21세기 현재 지구 위에는 열여덟 살 미만 어린이와 청소년은 21억 6백만 명, 한 집에 평균 2.5명의 어린이와 청소년이 살고 있는 것을 보면, 요즘 젊은 세대는 결혼하여 보통 두세 명의 아이들을 낳는 것 같습니다.

A가정에서는 아들 둘을 낳았고, B가정은 딸 둘을 낳았고, C가정은 아들 딸 한 명씩 낳았는데 사람들은 서로 불만이 있습니다.

아들만 있는 집은 딸 더 낳기를 기다리고, 딸만 낳은 집은 아들을 원하고.....

귀한 한 생명이 세상에 태어난 그 자체로서 기가 막힌 보배인데 왜 더 욕심을 부리는 것인지 모르겠습니다.

A가정의 아들 둘 낳아 키우면서 이미 조상에게 효도하였기에 그 가족들이 기뻐하고 있습니다.

B가정에서도 딸 둘 낳아 키우면서 이미 국가에 봉사하였고 의무를 다한 것입니다.

C가정에도 아들, 딸 남매를 낳아서 지구에서의 의무를 다했기에 신이 기뻐하십니다.

이 세 가정은 모두 자기의 의무를 다했기 때문에 걱정 안 하고 욕심 없이 아이 잘 키워서 행복하게 살아가면 되는 것입니다.

그런데 만약에 결혼 안하고 혼자 이 땅에서 평생을 살았다면 자기 의무를 다하지 못한 것이고 불행했을까요? 아닙니다. 과거를 되돌아보면 혼자 살았던 사람들도 인류는 좋아합니다.

그들 중에는(모두 다는 아니지만) 이 땅에서 훌륭한 일을 남긴 사람들이 많았기 때문입니다. 그래서 한 생명이 태어나는 것은 귀한 일이며 그 한 사람 한 사람은 지구 위에서 모두 필요한 사람들인 것입니다.

어렵게 탄생한 자식을 바라보는 부모의 마음은 어떨까요?

그들이 탄생시킨 그 아이는 세상의 그 무엇보다도 귀하고 무엇과도 바꿀 수 없는 귀한 존재이기 때문에 자식들을 자신의 목숨보다 더 귀하게 생각합니다. 그래서 모든 부모는 그 아이에게 많은 소원을 빌어 줍니다.

A라는 부모는 '내 아이는 세상에서 살아가는 동안 건강하고 잘 먹고 오래오래 잘 살았으면 좋겠다.'라고 생각하였고, 또 다른 B라는 부모는 '내 아이가 세상에서 살아가는 동안 행복하게 살았으면 좋겠다.'라고 생각합니다.

사람은 세상에 태어나면 다른 동물과는 달라서 한 가지씩 일을 해야 하기 때문에 많은 직업들 중에서 하나를 고르는 것입니다.

사람의 일생을 3단계로 나누면 서론기(결혼 전), 본론기(결혼하고 사회생활 시작), 결론기(정년퇴직)로 나눌 수 있는데, 서론기의 아이는 자기 혼자의 삶이 아니라서 옆에 있는 보호자의 삶을 사는 것입니다. 그래서 그 부모는 아이를 등 뒤에 두고 세상을 바라봅니다.

위의 A부모는 우리 아이가 험악하고 무서운 세상에서 잘못하면 굶어 죽을 수 있기에 우리 아이가 잘 먹고 잘 살게 하기 위하여 3만 가지의 직업을 수직으로 세워놓고 그중에서 돈 잘 버는 직업을 선택하고, 그 직업에서 1등하기 위해 수단과 방법을 가리지 않고 성공하도록 키우겠다는 생각으로 아이의 마음과는 상관없이 생존 경쟁에서 이기기 위한 교육을 시킬 것입니다.

A부모의 생각은 육체에 근거를 두고 세상을 바라본 것이어서 그렇게 해서 부모가 자식에게 만들어준 직업을 '후천적인

직업'이라고 합니다.

B부모의 경우, 내 아이는 아름다운 세상에 어렵게 태어났으니 3만 가지의 직업을 수평으로 놓고 본인이 하고 싶고 좋아하는 것을 선택하게 하여서 세상에서 행복하게 살아가기를 원합니다.

이것은 부모가 만들어준 직업이 아닌, 본인 자신이 선택한 것으로 '선천적인 직업'이라고 합니다.

A부모의 경우는 육체에 근거를 두었고, B부모는 육체가 아닌 정신에 근거를 두고 세상을 바라본 것입니다.

성가족 캔버스 유채 60.6 × 72.7 **서봉남作 ▶**

이 작품은 예수님을 중심한 요셉과 마리아에 대한 인물묘사는 주황색 선으로 가족의 구성원을 묶어놓고 있다. 네 귀퉁이의 부분들은 어두운 색조로 처리하고 중심으로 향할수록 밝은 색조의 표현은 자연스레 아기 예수님에게 초점이 맞추어진다. 세 사람의 인물도 요셉, 마리아, 예수님 순으로 점점 밝아지고 있음을 볼 수 있는데 그것은 작가의 신앙표현이라 할 수 있겠다. 따뜻한 색조의 조화는 가족이라는 따스함을 더해주고 있다. 세 사람의 역삼각 구도는 예수님을 중심한 두 인물을 양쪽에 대칭으로 배치하지 않고 왼쪽의 요셉에서 마리아 예수님 순으로 동적인 흐름으로 구심점을 이루고 있으며 예수님 머리 위에 그려진 광배는 참 빛 되신 예수님(요1:9)을 보다 설명적으로 해석하고 있기도 하다.

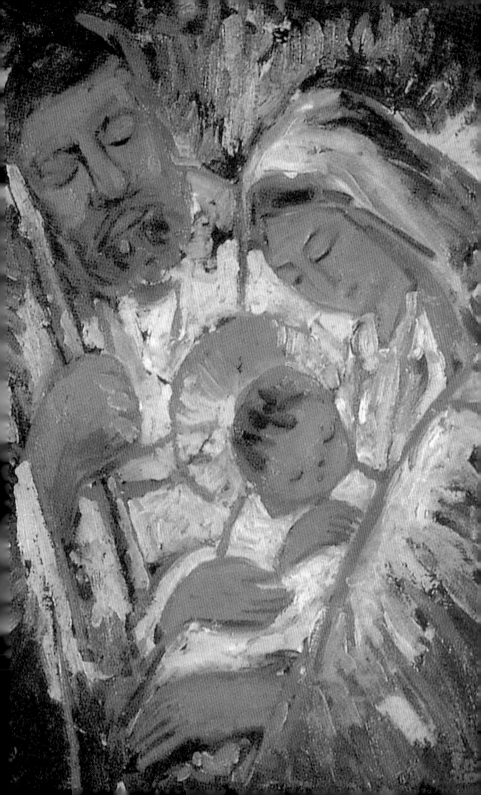

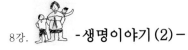

사람(人間)

하나님께서는 지구의 모든 것들을 창조하시면서 창조물들의 기본,
즉 하나님께서 창조한 원칙은 그대로 변하지 않게 하시고, 지구 위
에서 살아가는 동안 몸의 일부는 지형, 기후, 환경에 따라 잘 적응
하고 변해가며 살아가도록 해 주셨습니다.

하나님이 직접 팔을 걷어붙여 손수 자신의 모습과 닮게 흙으
로 빚으시고 그것에 입김으로 영을 불어넣어 '사람'이라고 이
름을 지어주셨는데, 자신이 만들어 놓은 사람이 웬일인지 쓸
쓸해 보여서 사람을 다시 잠재우고 그에게서 갈비뼈 한 개를
꺼내어서 그것으로 또 한 사람을 만들었는데 그를 '여자'라고
이름 지어주셨습니다.

그리고 잘 살 수 있도록 필요한 감각이나 기능을 주셨지만 식
물, 동물이 가지고 있는 모든 감각과 기능을 사람에게 동시에
주셔서 식물과 동물을 다스릴 수 있도록 해주셨습니다.

한참 후,
노아에게는 세 아들이 있었습니다.

아이들이 성장하여 분가시켰는데 서쪽으로 간 아들은 동물을 키우는 목동이 되었습니다. 서양권은 지형적으로 넓은 초원의 평야지역이어서 사람들은 동물을 키우는 데 알맞았습니다. 그들은 초록색 초원을 밝게 비추어주는 태양을 따라 동물들을 먹이며 앞으로 전진했습니다.

멀리 보이는 초록색 들판을 향해 서쪽으로 계속 이동해 가다 보니 이것이 지금의 유럽 땅이 되었습니다.

그들은 태양이 강렬하게 비추어 눈이 부실 때는 손바닥으로 눈 위를 가리면서 멀리 초록 초원의 풀밭을 찾으며 가는 동안 눈이 평야에서 적응하기 위해 눈동자가 깊이 들어가게 되었고, 날리는 모래를 방지하려니 눈썹이 길어지고, 멀리에서 풍겨오는 풀냄새를 맡아야 했기에 코도 커져갔습니다.

동물들에게는 식물을 먹이고, 사람들은 동물을 먹기 시작했습니다.

그래서 체격이 길쭉하게 커져갔습니다. 낮에는 작열하는 태양 아래서 더웠지만 밤에는 그 반대로 엄청나게 추운 지역이었기에 몸을 보호하기 위해서 몸에서는 털이 자라났고, 가죽털옷으로 빛을 가려서 피부색이 하얀색으로 변해갔습니다. 하나님께서는 그들에게 바람을 에너지로 이용하면서 살 수 있도록 해 주셨습니다.

남쪽으로 간 아들은 넓은 들과 강을 건너 남쪽으로 내려갔습

니다. 그곳에는 숲이 무성하고 수많은 먹음직한 과일들이 수없이 많았습니다. 그래서 그들은 먹을 것이 풍성한 이곳에 정착하여 살기로 했습니다.

시원한 아침에는 먹을 것들을 모아놓고 가족들이 맛있게 먹었고 낮에는 너무나 더우니까 나무그늘 밑에서 낮잠을 자고 태양이 넘어간 저녁에는 모닥불을 피우고 잔치를 벌이는 생활이 계속되었습니다.

그들은 무더위 때문에 가슴 속의 열기를 밖으로 발산하려니 자동적으로 콧구멍과 입이 커지며 얼굴들이 둥글둥글하게 변해갔고, 작열하는 태양빛 때문에 피부의 색깔이 검게 되어갔습니다. 그것은 살갗이 검으면 몸속으로 빛이 덜 들어가기 때문입니다. 하나님께서 남쪽 사람에게는 태양 에너지를 활용하여 살 수 있도록 환경을 주셨습니다.

동쪽으로 간 아들은 해가 뜨는 곳을 향하여 갔습니다. 그 지역은 지구 중앙 사막지대에서 오랜 세월 동안 사막의 고운 모래가 동쪽으로 날아와 쌓이고 또 쌓여서 옥토 땅이 되어 있어서 자연적으로 농경사회가 되었습니다.

그곳에는 물이 풍족하였고 기후 또한 사계절이 분명해서 농사를 짓기가 좋았습니다. 포근한 봄이 되면 씨앗을 뿌리고, 여름에는 자라서 가을에 추수하고, 겨울에는 쉬는 생활이 되었습니다.

◀ 꽃 잔치 캔버스 유채 53.0× 45.5 서봉남作

태양이 솟아올라 정오가 되면 오전이라 하고 해가 질 때면 오후라 하는데 동양권의 하루 태양은 서양권의 하루 태양의 길이보다 훨씬 더 짧았습니다.

동양권에선 태양시간이 부족한 것을 달이 비춰줘서 그 공백을 채워 주었습니다. 그래서 동양권은 달을 더 좋아하게 되었습니다. 그들은 먹이가 풍족하여 가족이 대대로 한 곳에 머물면서 씨족사회가 이루어지고, 그들은 서로 모여 살기 위해서 농사짓는데 협동심이 필요했고 사람들이 뭉치려니 머리를 많이 써야 했습니다. 생각을 많이 하고 머리를 사용하여서 얼굴이 역삼각형으로 변해갔고 눈, 코, 입, 키 같은 신체는 커질 필요를 느끼질 않았습니다. 그것이 곧 동양문화가 되었습니다. 동방에서 사는 사람들에게는 물의 에너지를 활용하여 살도록 하셨습니다.

하나님께서는 지구의 모든 것들을 창조하시면서 창조물들의 기본, 즉 하나님께서 창조한 원칙은 그대로 변하지 않게 하시고, 지구 위에서 살아가는 동안 몸의 일부는 지형, 기후, 환경에 따라 잘 적응하고 변해가며 살아가도록 해 주셨습니다.

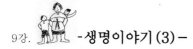

9강. - 생명이야기 (3) -

삼라만상의 음향소리

음향이란 소리를 말하며, 인간과 모든 삼라만상은 모두 소리와 함께 태어나고 생활하고 사라집니다. 들을 수 있는 사람의 귀는 소라껍질 나팔처럼 생기고 귓바퀴에서 소리를 모아 소리관 속으로 보내어 듣게 해줍니다.

음향(音響)이란 소리를 말하며, 인간과 모든 삼라만상은 모두 소리와 함께 태어나고 생활하고 사라지기도 합니다. 들을 수 있는 사람의 귀는 소라껍질 나팔처럼 생기고 귓바퀴에서 소리를 모아 소리관 속으로 보내어 듣게 해줍니다.

큰 소리나 큰 빛과 작은 소리 즉, 가청권 밖의 소리는 인간의 감각으로 알 수 없다고 합니다.(지구가 회전할 때 어마어마하게 웅장한 소리를 내지만 사람의 귀에는 들리지 않아서 소리를 모름) 물리학적으로 보면 음향의 진동수가 극히 크거나 적을 때에는 감각을 느낄 수 없고, 진동수가 1초에 16회 이상이 되면 1개의 음향이 이루어진다고 합니다. 진동수가 더해질수록 음향도 점점 높아지고, 진동수가 1초에 4만 이상이 되면 음향이 너무 높아 감각으로 느낄 수 없다고 합니다.

그리하여 4만 이상으로 진동하면 열(熱)로 화하고 다시 1초에 수억의 수로 진동이 되면 색(色)으로 변한다고 합니다. 이처럼 소리는 인간의 오관에 직접 영향을 줍니다.

지구 북쪽 사람들

지구 북방에 사는 사람들은 덩치가 크고, 특히 상체가 더 발달하며 이에 관련한 문화가 발달하는 것을 볼 수 있습니다. 북쪽지역은 봄, 여름, 가을이 짧고, 겨울이 깁니다.

그곳은 항상 춥고 눈이 많이 쌓여서 가능하면 발을 땅에 밟지 않으려 할 것입니다. 오랜 세월 동안 추운 곳에서 사는 그들의 얼굴 골격도 변해서 네모돌이 얼굴에 몸에는 털이 많이 나오고 눈이나 입 등이 깊이 들어가게 되었고 골격 또한 커진 것을 알 수 있습니다.

예를 들자면 그곳에 사는 곰이라든지 또는 다른 동물들도 덩치가 커지고 팔과 다리가 짧아지는 것을 볼 수 있습니다.

추운 곳에서는 지방이 많아야 추위를 잘 견딜 수 있기 때문입니다. 그리고 추운 곳에서는 모든 기운이 발에서부터 위로 위로 올라가 머리 끝에 다다릅니다. 이마는 상쾌해지고 머리가 맑아 눈에 보이는 하늘이 투명해지면서 맑은 소리, 그래서 쇠소리처럼 곱고 가느다란 높은 고음의 소리 음악을 좋아하게

종소리 캔버스 유채 53.0 × 45.5 **서봉남作**

밀레의 만종을 생각나게 하는 작품이다. 교회가 보이는 풍경 중심에 큰 아카시아
나무가 있고 그늘에는 아이들이 하나 둘, 넷 짝을 짓고 서 있다. 그 중에 한 아이는
떨어져 있고 어깨동무한 둘 중의 하나는 팔을 치켜 올리고 환희, 즉 화면 전체를
크로키 형태로 마무리된 교회와 잇달은 숲, 큰 아카시아나무와 같은 방향으로 기
울어진 보리밭, 그 기울어짐이 이끄는 시선의 한가운데 우뚝 솟은 교회의 십자가,
교회의 종소리가 붉은 하늘의 아래로 파고들면서 심어진 노란 보리들의 강한 착목
성, 그 뒤에 서봉남의 싸인인 식별표지 어린이가 숨어있다. 교회와 일용할 양식으
로서의 보리라는 상징적 의미와 단순하고 도식화한 사물처리가 일으키는 갈등이
한 화면에서 나타나고 있다고 말할 수 있게 된다.

됩니다.

　그리고 발이 땅에 닿지 않기 위해 수직으로 계속 뛰고, 손은

하늘을 향해 올렸다 내렸다 하는 수직 춤을 추며 템포가 빠른

춤이 발달했습니다.

지구 남쪽 사람들

지구 남방에 사는 사람들은 일 년 내내 여름뿐인 무더위 때문에 온몸을 가능하면 움직이기 싫어하고 편안하게 쉬고 자며, 배고프면 지천으로 널려 있는 과일 같은 열매를 따먹거나 가끔 곤충이나 작은 동물을 잡아먹고 삽니다.

그들은 더운 날씨 때문에 게으른 동작이 되고, 얼굴의 골격은 동그랗게 변하고, 눈이나 입이 튀어나오고 콧구멍 또한 커지면서 피부가 검어졌습니다. 낮에는 실컷 잠자고 밤이 되면 시원해지니까 모닥불을 피워 놓고 놀이를 하는데, 그들의 몸동작 춤은 모든 힘을 하체에 집중을 시킵니다.

더운 나라의 경우, 모든 기운이 밑으로 밑으로 내려가 발끝에 머무릅니다. 그래서 춤을 추어도 땅을 힘껏 밟는 춤을 추며, 소리 또한 통나무나 가죽을 두드리는 즉, 밑으로 쏟아지는 소리를 좋아하게 됩니다.

아프리카를 처음 탐험했던 유럽 사람도 아프리카에서 가장 무서웠던 것은 멀리에서 땅바닥으로 밀려서 들려오는 북소리였다고 말했습니다.

남쪽에 사는 사람들은 하체가 발달하게 되었고, 저음의 음악가들이 많이 나왔습니다.

지구 서쪽 사람들

지구 중앙에서 서쪽 방향에 사는 유럽권 사람들은 원래 중부 지역에 사는 민족들이며, 동물을 키우는 유목민들이었습니다.

동물들에게 풀을 먹이다가 모두 뜯어 먹으면 다시 풀 많은 곳으로 계속 이동을 해야 했습니다. 초록색 초원이 잘 보이는 곳으로 계속 이동하려니까 주거공간도 간편해야 하고 짐도 작아지고 간편한 몸이 되어야 했기 때문에 모든 것이 자유로워졌습니다.

가족 또한 계속 분가하여 나뉘어져야 했기 때문에 어느 정도 자라면 독립정신이 생기고 개인주의로 변하면서 모험심 또한 강해지고 동(動)적으로 변해갔습니다.

항상 멀리멀리 초록 풀밭을 찾는 습관이 되어서 눈이 깊이 들어가고 이마와 코가 튀어나오고 얼굴형이 길쭉하게 변해갔습니다.

음식은 육식을 좋아하게 되고, 그들에게는 모든 소리가 수평적이어야 했습니다. 그래야 멀리 있는 가족이나 친구에게 서로 연락할 수 있었기 때문입니다. 그렇게 해서 생긴 악기가 바이올린입니다. 여러분도 잘 아시겠지만 서양권의 대표적인 악기가 바이올린이 되었습니다. 바이올린 소리는 수평적으로 사람의 귀 높이에서 사람의 마음을 끌고 다닙니다. 그래서 우리는 서양 음악을 들을 때는 '감상한다'라고 말합니다.

이 유목민들은 넓은 초록 들판을 따라 서쪽으로 서쪽으로 유랑생활을 하다가 현재의 유럽 땅에 정착하게 된 것입니다.

지구 동쪽 사람들

지구 중앙 동방에 사는 사람들은 봄, 여름, 가을, 겨울이 골고루 있는 기후 조건과 또 기름진 옥토를 만나게 됩니다. 물 좋고 땅이 좋아서 그곳에 정착하여 살면서 자연적으로 농경사회가 되었습니다.

오랜 세월 동안 같은 장소에 머물러 살면서 가족이 많아지고, 그래서 씨족사회가 되니까 새로운 규범이 정해지고 문화 또한 발달하게 됩니다.

그들은 육체의 발달보다 머리를 많이 쓰게 되면서 역삼각형의 골격으로 변하고 몸과 눈, 코, 입 등이 커질 필요가 없게 되었습니다.

말소리가 어둔해지고 가슴속에 담고 있는 언어가 발달하여 정(靜)적인 것으로 표현하게 됩니다. 즉, 말로 표현하지 않아도 기침 하나로도 충분히 의사 전달이 되니까 모든 것은 눈치로 알게 되었습니다. 그들은 농사를 짓는 민족이 되다보니까 태양보다는 달이 더 정확하고 적성에 맞았습니다.

그래서 달을 좋아하게 되었고, 달을 중심으로 문화가 발달합니다. 달밤에는 앞의 시야가 약 백 미터까지는 잘 보이지만 백

속리산 추경 캔버스 유채 53.0×45.5 **서봉남作**

아이들은 마치 강낭콩 덩굴의 수많은 강낭콩 깍지 중의 어느 하나 깍지 안에 들어 있는 두 개의 강낭콩 알을 연상시킨다. 이 강낭콩에 관한 연상은 그 앞의 화분에 심어진 덩굴식물에 의해 한층 심화되고 있다. 아무튼 이 콩알 같은 어린아이들은 매우 특이한 충격으로 화면에 나타나고 있다. 화면에 부담 없이 시선을 돌려 맨 먼저 중앙 아래 진홍의 단풍 오른쪽으로 가서 화분의 꽃, 이어 왼쪽으로 가서 세부묘사가 된 가을풍경을 거쳐 단풍의 숲에 묻힌 고목, 이어 화면 전체가 눈에 들어오는 구성에서 눈을 몇 번 굴려보아도 식별표지가 보이지 않을 때 불안하게 두리번거리다가 화면의 가장 강한 두 개의 포인트 뒤에 숨은그림찾기 퀴즈처럼 콩알 같은 두 어린이를 발견했을 때의 작은 충격이란- 활활 타오르는 붉은 단풍은 우리의 마음을 흥분시켜 폭발할 것 같은 순간을 오른쪽 아래의 화분속의 작은 꽃들이 흥분을 차분하게 가라앉히는 역할을 하고 있어 음양의 효과를 잘 나타내고 있는 작품이다.

미터 이상은 흐릿하여 잘 보이지 않아서 자식들에게 백 미터 밖은 가지 못하도록 교육합니다.

서양의 경우, 태양빛은 저쪽 멀리까지 잘 보이니까 자식에게 저 멀리 가보라, 스스로 해보라고 외(動)적 교육을 하지만, 달의 문화권인 동양의 경우는 모든 것을 하지 말라는 내(靜)적 교육을 하는 것입니다.

동양의 소리를 들어봅시다.
동양, 특히 한국의 소리는 입술에서 나오는 소리가 아닌 가슴 속에서부터 우러나오는 소리를 좋아하게 됩니다. 우리나라의 대표적인 악기는 꽹과리, 장구, 북, 징, 세 가지입니다. 꽹과리는 쇠 소리로서 위로 솟는 역할을 하고, 북소리는 밑으로 쏟아지는 역할을 하는데, 징소리는 웅장한 소리가 나오면서 위로 솟는 꽹과리 소리와 밑으로 쏟아지는 북소리를 휙 회전시켜서 태극형을 만들어줍니다. 그것이 바로 '동그라미' 소리를 내게 된다는 것입니다.

자, 이제 여러 가지 예를 봅시다.
가족이 매일 얼굴을 보면서 같은 밥을 먹어야 하니까 동그라미 밥상이 필요합니다. 초가집은 지붕의 물이 잘 빠져야 되니까 동그랗게 집을 짓습니다. 풍물놀이라든지 또는 모든 춤을 보아도 동그라미입니다. 우리는 항상 같은 곳에서 살아야 되니까 멀리 가지 못하고 되돌아와야 되듯이 모든 것이 동그라미 문화로 발달된 것입니다. 그래서 우리 문화는 가슴에서 시작하고 가슴에서 끝나는 민족입니다.

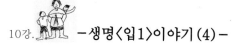

10강. ─생명〈입1〉이야기 (4) ─

마음을 전달하는 언어

언어는 발이 달린 것처럼 자꾸 변해갑니다. 청소년들은 어른들이
알아듣지 못하도록 자기들만의 언어를 사용합니다. 몇 십 년 후 그
청소년이 성인이 되고 가장이 되면 청소년 시절에 사용하던 은어
가 정식 언어가 되고 결국은 표준어가 될 수도 있습니다.

인간이 이 땅에서 살아가면서 서로의 마음을 전달하는 것은
언어입니다.

현재 지구 위에 각 나라 말이 약 6,000 가지가 넘는다고 합니
다. 유엔에는 2,000여 개의 언어가 등록되어 있답니다. 그러나
그 언어가 일주일에 한 개씩 없어지고 또 새로이 태어나기도
합니다.

영어의 단어는 약 20만 개로 알려져 있고 원어민은 일상생활
에서 약 2,000개의 단어를 사용하고 전문적인 서적을 읽고 쓰
기 위해서는 약 1만 개의 단어를 쓴답니다.
한국어는 한국 고유어, 한자어, 외래어를 합쳐 51만 단어가

있습니다.

지금부터 약 5백 년 전에 세종대왕이 한글을 만드셨습니다. 여러분께서는 '훈민정음'을 모두 읽으실지 모르지만 저의 경우 모두 읽어보려 해도 절반 정도 밖에는 못 읽었습니다. 우리 말인데도 말입니다.

언어는 '마음의 알갱이'라는 뜻으로서 마음의 '마'자와 알갱이의 '알'자를 합쳐서 '말'이라고 합니다. 말은 자신을 기준으로 상대를 보는데 자신의 눈동자를 수평으로 그어서 상대가 그 위로 보이면 존댓말을 사용하고, 수평선 밑으로 보이면 반말을 사용합니다.

언어라는 것은 태어나면 가만히 있는 것이 아니라 어느 때, 누가 사용하느냐에 따라서 변해가고, 서로 통하는 친구를 만나면 자기들끼리의 또 다른 언어가 생겨서 차츰 변해가는 것입니다.

오늘 사용하는 사투리가 몇 십 년 지나면 표준어가 됩니다.

예를 들어 볼까요?

필자의 어린 시절인 1940~1950년대에는 우리 부모들은 아버지를 '아비'라고 불렀고 1970년대에는 아버지를 '아버지'라고 불렀습니다. 1980~1990년대에는 아버지를 '아빠'라고

◀ **동심-나들이** 캔버스 유채 116.7×91.0 **서봉남作**

부릅니다. 앞으로 세월이 더 흘러가면 아버지를 '이리와'로 부를 지도 모르겠습니다.

이처럼 언어는 발이 달린 것처럼 자꾸 변해갑니다. 청소년들은 어른들이 알아듣지 못하도록 자기들만의 언어를 사용합니다. 몇 십 년 후 그 청소년이 성인이 되고 가장이 되면 청소년 시절에 사용하던 은어가 정식 언어가 되고 결국은 표준어가 될 수도 있습니다.

나라마다 정신적인 사상이 있듯이 우리나라의 사상 또한 동그라미 문화이며 언어도 그렇게 변합니다. 다시 말해서 우리는 멀리 떠날 수 없기 때문에 갔다가 다시 되돌아온다고 소리에 대한 강의 때 말했듯이, 처음과 끝의 단어를 좋아합니다.

예를 들자면 기분이 최고로 좋을 때는 '좋아 죽겠다'라고 말합니다. 죽겠다는 말은 마지막 말이지요.
여러분 중에 남자의 경우 청소년 시절 친한 친구와 오랜만에 만나면 뭐라고 합니까? 아마도 제일 듣기 싫은 욕을 할 것입니다.
그 친구를 때리면서 "야! ×××오랜만이다"라고 할 것입니다. 너무나 반가운데도 말입니다.

여자의 경우도 오랜만에 만났습니다. 뭐라고 할까요? "아이고 오랜만이다 얘"라고 합니다.

'아이고'라는 말은 사람이 마지막 죽을 때 곡하는 소리입니다.

조금 전에 말했지요. 제일 좋을 때의 표현이 '죽겠다'라고요. 우리는 정반대되는 것과 같이 어울리는 것을 '조화(調和)'라고 합니다. 여자가 있으면 남자가 있어야 하고, 양이 있으면 음이 있고, 찬성이 있으면 반대도 있듯이, 모든 것에 앞뒤가 있다는 것입니다.

한 가지 더 예를 들어 볼까요.

영어의 엘리베이터(elevator)는 올라간다는 뜻입니다. 서양 사람들은 계속 올라만 가지만 우리나라에서는 그것을 승강기(昇降機)라고 합니다. 승강기는 올라가고 내려오는 것입니다.

또, 서랍을 '빼다지'라고 합니다. 빼다지는 뺐다 닫았다 하는 것이고,

출입구는 들어가고 나오는 것입니다. 처음과 끝의 것이 합쳐져서 조화를 이루는 것이 우리말입니다. 서양 사람들이 우리말을 들으면 이상하겠지만.....

인간의 언어는 새로이 언어가 탄생해서 약 5백 년이 지나면 그 언어는 사라지고 전설로 남는 것입니다.

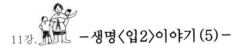

− 생명〈입2〉이야기 (5) −

반말과 존댓말

반말은 입에서 생각 없이 그냥 나가고 존댓말은 연습을 하고 천천
히 나가기 때문에 실수도 없을 뿐더러 상대를 기분 좋게 하는 것입
니다.

만물이 소생하는 **춘삼월**, 오늘 종일 봄 냄새로 인해 코가
즐거웠고 노란색 분홍색 흰색들... 아름다운 봄 색으로 눈이 즐
거웠고 눈이 녹아 흐르는 물소리를 들으면서 귀가 즐거웠었지
요. 그런데 입은 어땠나요. 눈도 두 개, 코도 두 개, 귀도 두 개인
데 입은 하나뿐이네요.

입 속으로 들어가는 것은 육체에 관계되는 것이 들어가고 입
밖으로 나오는 것은 정신입니다. 그래서 입도 두 개의 역할을
하는 것입니다.

말은 나의 입에서 밖의 다른 사람에게 내 마음을 전달하는 것
입니다. 우리 나랏말인 한글은 우수해서 모든 사물을 말할 때
입체적으로 말합니다.

예를 들자면 입을 표현할 때 입, 주둥이, 아가리라고 합니다.
국어사전에 보니 입은 말하는 것, 주둥이는 생각 없이 말하는
것, 아가리는 나쁜 생각을 전하는 것, 일 것이라고 생각하고 찾
아보니 안 써 있더군요.

A라는 어느 신혼부부가 있었습니다.
둘 사이는 서로 친구처럼 반말하며 살고 있었습니다.
새 신부는 아침 일찍 일어나 사랑하는 신랑을 위해 맛있는 음
식을 만들어 남편에게 먹이고 출근 옷을 챙겨 넥타이를 매어
주고 대문까지 배웅하면서 "잘 다녀와~사랑해"하며 손을 흔
들었습니다.

남편은 기분 좋게 회사에 출근하여 열심히 일하면서 결재서
류를 만들어 상관에게 내밀었습니다. 상관은 집에서 무슨 일
이 있었는지 화난 얼굴로 서류를 뒤적이더니 "자넨 일을 이렇
게밖에 할 줄 몰라!" 하면서 야단을 쳤습니다. 기분이 상한 새
신랑은 하루 종일 우울하여 화가 나서 회사를 원망하며 '사표
를 낼까?' 생각하며 있는데 아름다운 새신부가 미소 지으며 눈
앞에서 아른거렸습니다. 새신랑은 사랑하는 신부를 생각하며
참고 또 참으며 퇴근시간을 기다렸습니다.
드디어 퇴근시간, 천국 같은 집으로 달려갔습니다.

한편 신부는 하루 종일 회사에서 열심히 일할 신랑을 생각하

며 즐겁게 가정 일을 했습니다. 벽시계를 보니 신랑이 퇴근할 시간입니다. 신랑이 회사 문을 나오는 것이 보입니다. 버스를 탔네~ 버스에서 내리네~ 집 앞에 왔네. "딩동뎅!" 벨소리를 들으며 대문으로 뛰어나가 문을 열어주면서 "자기야!" 라고 말했습니다.

남편 얼굴을 보니 오늘 회사에서 좋지 않은 일이 있었다는 것을 이내 즉각 알았습니다.
(내가 그 마음을 사랑으로 풀어 주어야지!) 생각하며 "자기 잠깐 앉아있어. 자기가 좋아하는 커피 끓여갈게~" 신부는 구수한 커피 냄새를 풍기며 앉아서 담배를 피우고 있는 남편에게 달려가다가 다리가 꼬여서 "꽈당" 넘어지면서 뜨거운 커피를 남편 양복 가슴에 쏟고 말았습니다.

벌떡 일어난 남편은 하루 종일 억제했던 화난 마음이 바로 욕으로 터져 나왔습니다. "이게 미쳤나! ×× 아!"
잘해주려고 나름대로 했던 마음을 몰라주고 욕을 하는 남편을 보고 부인도 화가 나서 같이 욕을 했고 드디어 주먹이 오고 가고 부인은 옷 보따리를 싸서 친정으로 갔습니다. 이어서 장인 장모가 쳐들어왔고 시댁 어른들이 와서 싸우다 결국 이들 부부는 이혼하고 말았습니다.

서로 존댓말을 하는 B라는 신혼부부가 있었습니다.

경주인상 캔버스 유채 91.0×72.7 **서봉남作**

구체적인 경주의 구조물들 - 불국사, 다보탑, 첨성대, 왕릉, 계림들이 서
봉남의 마음이라는 화면에 큰 인상으로서 자리 잡고 밀치거나 당기거
나 서로의 영역을 주장하는 그림이다. 과거의 화려했던 신라문화의 꽃
을 백장미 꽃으로 표현하고 서봉남의 식별표지인 어린이와, 그리고 밝
고 환한 따스한 색채의 포름과 방향 지워진 붓 터치 - 나아가서는 자신
이 언제나 갈구하는 밝고 환한 어떤 세계에 대한 동경이다. 그러므로 서
봉남의 에스키스는 시각적 구조물을 배열하여 심적인 동경을 가시화하
기 위한 방편이라고 말할 수 있을 것이다.

A라는 신혼부부와 똑같은 일이 벌어졌습니다.

남편 "아니 오늘 종일 속상했는데… 옷에 커피를 쏟으면 어떻게 해요"

아내 "어머 미안해요. 내가 당신의 마음을 풀어주려고 하다가 그만 실수를 했네요. 미안해요."

남편 "됐어요…" 이들 부부는 서로 사랑하는 마음을 알았기 때문에 큰 싸움이 되지 않았습니다. 그날 밤 화가 풀어졌고 그들은 사랑이 더욱 돈독해졌습니다.

사람은 자기 눈높이 기준으로 모든 사람을 보게 됩니다.

나의 눈높이로 상대를 수평으로 바라보면서 수평선 밑으로 보이는 사람을 보면 '이 사람은 나보다 어리겠네, 또는 나보다 못 배웠겠네, 나보다 가진 게 없겠네. 등등으로 생각하며 바로 반말을 사용합니다.

반말이란 말을 낮게 한다는 것입니다. 그 반말은 입속에서 대기하고 있다가 입이 열리면 기다리고 있었다는 듯이 바로 튀어나갑니다. 그래서 상대가 들을 때 기분 나빠하고 주는 것 없이 사이가 안 좋아집니다. 반말은 입에서 생각 없이 바로 나갔기 때문에 실수를 많이 합니다. 잘못된 말이 이미 쏟아졌기 때문에 주워 담을 수도 없고 수정할 수도 없습니다.

자신의 수평선을 긋고 상대를 보았을 때 수평선 위로 올라가 있는 사람을 볼 때 '저 분은 나보다 나이가 많겠네, 나보다 많이 배웠겠네, 많이 가졌겠네. 등등으로 보일 때 하는 말은 존댓말입니다.

존댓말은 먼저 가슴 속에서 작은 무엇이 뭉클하면서 가슴으로부터 머리로 올라갑니다. 머릿속의 컴퓨터에서 단어 몇 개를 꺼내어 좋은 단어를 찾아냅니다. 찾은 단어를 한번 연습해 보고 입으로 내어보냅니다.
그래서 존댓말은 연습을 했고 천천히 나갔기 때문에 실수도 없을 뿐더러 상대를 기분 좋게 하는 것입니다.

요즘 걱정되는 것이 있습니다. 그래도 우리 세대는 조금 괜찮은데 2세들이 걱정입니다. 우리나라 영화를 보거나 게임 속에는 모두 욕으로 치장되어 있고 점점 더 강한 욕이 나오고 그것이 폭력으로 연결되고 그 결과 자살이 세계 일등을 차지하고 있답니다. 욕 안하는 운동에 관심 가지면 좋을 것 같습니다.

미안하지만 저의 이야기를 한번 하겠습니다.
저가 25세 때 군대를 제대하고 24세 되는 아름다운 아가씨를 만났습니다. 6개월 연애하고 공원 벤치에서 청혼했습니다. OK 한 연인과 서로 대화중에 "앞으로 말을 어떻게 하면 좋겠느냐?"고 물었더니 당연히 "존댓말이 좋겠다."라고 하여서 오랫동안 살아오면서 우리 부부는 변함없이 존댓말을 사용하면서 그렇게 살았습니다.

저의 경험으로 볼 때 존댓말을 사용하니까 세 가지가 좋았습니다.
그 하나는 부부 사이가 좋아져서 다툼은 있었지만 큰 싸움이 안됐고, 두 번째는 저의 자식들과의 관계가 좋았습니다. 세 번째는 이웃과의 관계가 좋아졌습니다.

예를 들자면 이웃사람들이 우리 부부를 괜히 좋아하더군요.
"어쩌면 두 부부는 싸울 때도 '그랬어요 저랬어요' 하면서 존댓말로 싸워요"라고 웃으며 흉을 봅니다. 더 하나, 저의 형제는 7남매 중 5형제가 있으니 명절이 되면 부모님이 우리를 볼 때 다섯 며느리가 있잖겠어요. 결혼 초기에 어머니가 저의 아내를 괜히 미워하더군요.

저는 왠지 몰랐는데 내용을 알고 보니 이렇더군요.

다른 형제들은 서로 반말을 하는데 우리 부부만 서로 존댓말을 한다는 것이지요.
어머니의 생각엔 제가 장가를 가자마자 부인에게 꼭 잡혀서 존댓말 하는 것으로 생각해서 미워했답니다.

후에 우리들의 마음을 알고부터는 제 아내를 다른 며느리보다 더 제일 좋아하더군요.

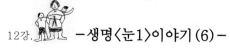

12강. −생명〈눈1〉이야기 (6) −

눈만으로도 마음을 읽는 시각

인체의 중요한 위치를 차지하고 있는 것이 눈이라고 할 수 있습니다. 열 번 듣는 것보다 한 번 보는 것이 낫다는 말이 있잖습니까. 사람과 사람이 만날 때 언어를 교환하여 마음을 읽을 수 있지만, 언어로 표현하기 전에 비언어적인 눈으로도 상대의 표정을 보며 그 사람의 마음을 미리 읽을 수 있습니다.

직경 2.5센티미터의 탁구공만한 사람의 눈에는 2억 개의 시세포가 둘러싸고 있고 1센티미터의 눈동자가 흰 눈에 붙어 있는데 그 눈으로 볼 수 있는 색채는 약 1천 5백만 가지랍니다.

그리고 눈으로는 모양, 크기, 색깔을 보며 밝고 어두운 것도 느끼는데, 눈을 보호하기 위해 작은 눈물샘에서는 항상 물이 나와 눈을 촉촉하게 닦아주며 그 눈물은 평소에는 가느다란 관을 통해 코 안으로 흘러 들어갑니다. 하지만 슬픈 일이 있거나 기쁜 일이 있을 때는 한꺼번에 눈물이 나오기 때문에 눈 밖으로 흘러넘칩니다.

사람의 몸에는 많은 지체가 있고 그 지체들이 모두 중요하지

만 그 지체들의 리더 급으로서 중요한 위치를 차지하고 있는 것이 눈이라고 할 수 있습니다. 열 번 듣는 것보다 한 번 보는 것이 낫다는 말이 있잖습니까. 사람과 사람이 만날 때 언어를 교환하여 마음을 읽을 수 있지만, 언어로 표현하기 전에 비언어적인 눈으로도 상대의 표정을 보며 그 사람의 마음을 미리 읽을 수 있습니다.

음악으로 얘기하자면, 언어로 표현하는 것은 솔로이고 눈으로 보고 아는 것은 합창이라고 할 수 있습니다.

저의 경우 길거리에서 장애인을 만나면 안쓰럽게 생각하여 속으로 안됐다는 표현을 하지만 장님이 지나가면 더욱 안쓰럽게 여깁니다. 그것은 모든 지체가 필요하고 중요하지만 특히 시력을 잃는 것을 더욱 심각하게 여기기 때문입니다.

모든 소리나 언어, 무용 등의 예술 분야에는 가정이나 국가에서 '무형문화재'라고 명칭을 붙여주고 보존합니다. 그러나 시

◀ **스위스 인상** 캔버스 유채 72.7 × 60.0 **서봉남作**

유럽 중앙에 위치한 아름다운 자연의 그림이 파노라마처럼 펼쳐지는 곳 스위스, 독일어 프랑스어 이태리어 등 다양한 언어와 그에 따른 다채로운 문화가 생존하는 곳, 1815년 영세 중립국이 된 이래 아직까지 EU에 가입하지 않은 스위스, 스위스에는 유엔 유럽본부 IUNOGI를 비롯, 22개의 국제기구와 170여 개의 비정부 기구가 자리 잡고 있다. 세계인을 열광시키는 FIFA의 본부 역시 스위스 취리히에 있다.
만년설이 뒤덮힌 웅장한 알프스의 융프라우와 베른, 제네바, 루쩨른 등이 저마다 독특한 개성을 지닌 스위스의 대표도시 (작품-알프스 산, 나팔, 시계, 종교 개혁지, 루쩨른 호수 위의 카펠 나무다리, 등)

각적인 미술품에는 유형문화재로서 '보물'이라는 명칭을 붙여줍니다.

무형문화재는 세상에 탄생되어 언젠가는 없어질 것으로 생각되어 붙인 이름이고, 유형문화재는 그것이 없어지지 않는 한 오래 지속될 것이기에 보물이라고 합니다.

동물들은 자기에게 필요한 감각 부분만 발달하여 활용하며, 특히 시력을 사용하며 사는 동물들 중에는 사물이 단색으로 보이는 동물이 있고, 또는 낮에만 보이거나 밤에만 보이는 동물이 있는데, 그 동물들은 흰자위가 없이 눈동자만 있어서 감정표현이 불가능합니다.

사람은 눈에 흰자위가 있어서 감정표현이 가능하며 또 사람의 눈은 낮에도 보이며 밤에도 보입니다. 식물이나 동물들에게 있는 모든 생명체들의 감각 기능들을 사람은 종합적으로 모두 가지고 있을 뿐만 아니라 시력 또한 모든 사물을 총천연색으로 본다는 것입니다.

그래서 사람은 눈만으로도 대화가 가능합니다.

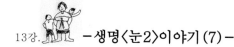

13강. — 생명〈눈2〉이야기 (7) —

관광

관광하며 경이롭고, 아름다운 비밀들... 생명의 꿈틀거림, 보이지 않던 것들이 새삼 눈에 보이며 모든 자연이 서로 대화하면서 살아가는 것들을 보면 감탄의 소리가 저절로 납니다. 자연과 과학, 두 가지를 같이 봐야 진정한 관광의 묘미를 누릴 수 있습니다.

오늘은 관광 중에 무엇을 보느냐에 대해 설명하겠습니다.

어느 할머니가 효도여행을 다녀왔는데 그 자식이 이렇게 물었답니다.

"엄마, 관광을 가서 뭘 봤어요?"

그 어머니는 잠깐 생각을 하더니

"응, 앞사람 뒤통수를 보고 왔어"

"아니, 앞사람 뒤통수만 보았다구요?"

"그럼, 앞사람 보지 않으면 길을 잃어버리는데..."

여러분들도 '문화역사 탐방'을 보고 집에 돌아가서는 옛날 살아갔던 사람들의 이야기를 할 것입니다. 예를 들자면, "아침에 차 안에서 김밥 먹고 강사님의 설명을 듣고 그곳 현장에 가서 그곳에 얽힌 이야기를 듣고 보고 즐겁게 돌아왔다"고 말했을 것입니다.

들고 있던 사람이 "그것밖에 안 보고 왔어?" "아니, 또 본 것으로는 주변이 온통 푸른색으로 물들어서 좋았고 소나무 밑에서 맑은 공기도 마시고 왔어" 라고 말할 것입니다.

사람들은 유치원, 초등학교 때부터 현재까지 배워온 방법으로 사물을 보고 나름대로 결론을 내립니다. 우리가 지금까지 배워 온 교육은 자기가 서 있는 위치에서 한 사람 한 사람과 주변을 보는 방법을 배워왔습니다. 학생들은 선생님이 가르쳐주는 방법대로 파리바게트 빵집에 가면 "이것은 프랑스에서 만든 팥빵이야"라고 머릿속에 입력합니다. 선생님이 "이 꽃은 여름에 나오는 해바라기야"라고 하면 학생들은 '여름에 피는 꽃은 해바라기' 라고 입력이 됩니다. 선생님이 "하늘은 푸른색"이야 저 "파란 것은 풀"이야 라고 하면 그 학생은 선생님이 말하는 대로 머릿속에 입력이 되어 평생 동안 잘못된 입력으로 그것이 정답이란 생각으로 살아갑니다.

지금 여러분 주변 자연의 모든 색깔들이 푸른색인가요? 아침에 문화 역사를 좋아하는 사람들이 모여서 한 버스에 타고 ... 가 아니지요. 지금 우리 주변의 모든 색깔들은 노랑 연초록 진초록 등 초록색 계열이지요. 그런데 우리는 선생님으로부터 머릿속에 잘못 입력된 '파란색'이라고 말합니다. 우리는 현재와 다른 엉뚱한 색깔을 보면서 살아가고 있습니다.

 우리는 한때, 그러니까 학교에 들어가기 전 7세까지 우주적인 선천적인 공부를 했습니다. 그것은 누가 가르쳐준 것이 아니라 혼자 깨닫고 느끼며 본능으로 보았던 것입니다. 그때의 공부는 오감을 집중해 마치 합창과 같은 방식으로 스스로 배운 것입니다.
 편견이란 예컨대 솔로로 듣고 배울 때처럼 한 부분의 기관, 즉 한 가지 감각에만 집중하는 것을 말합니다. 하지만 한 감각이 아니라 오감을 동시에 집중하면 합창이 되는 것입니다. 우리가 건강하다는 표현을 할 때는 오감이 모두 작동될 때를 건강하다고 봅니다. 그러니까 한 기관을 배운 사람은 그 분야의 전문가가 될 수는 있어도 어떻게 보면 전체를 못 보는 장애인일 수도 있다는 것입니다.

 진정한 관광은 지금까지 보고 느끼고 살아온 현대 도시생활(無生命體)에서 벗어나 그것을 뒤로 두고 우주공부 시절(生命體) 어린 시절로 돌아가자는 것입니다.
 관광 속의 하나는 신이 만들어 놓은 자연이 있고, 또 다른 하나는 인간이 만들어 놓은 문화가 있습니다. 그런데 보통 인간이 만들어 놓은 문화만을 보러 다니는 것이 관광이라고 생각을 하는데 두 가지를 조화롭게 보고 느끼고 체험하여야 화

음으로 진정 관광을 하는 것이라고 할 수 있습니다.

저의 직업을 아시지요?

저의 직업이 화가이니만큼 저의 눈에는 모든 사물이 이렇게 보입니다. 신이 만든 자연은 모두 곡선으로 이루어져 있고, 인간이 만든 문명은 모두 직선으로 되어 있습니다. 곡선은 모두 생명이 있으며, 직선은 모두 무생명체입니다. 그래서 자연(생명체)과 과학(무생명체)이 잘 어울려야 '조화(調和)'라고 합니다. 조화는 "좋다!"라는 것으로 조화(造化)되었다는 뜻입니다. 그래서 조화로운 두 가지를 같이 보는 것이 관광인 것입니다.

인간이 만든 문화부터 볼까요?

옛날 어느 독재자가 많은 사람들을 동원하여 어마어마한 건물을 만들었습니다. 그리고 그 건물의 주인은 자신이라며 커다란 동상을 만들어 세웠습니다. 훗날 몇 세대가 지나고 많은 사람들이 그 건물과 동상을 보기 위해 관광을 왔습니다.

해설자는 포악했던 독재자의 스토리, 즉 몇 백만 명을 희생하여 저 건물을 지었다고 설명하면서 독재자는 자신을 신격화하기 위해 동상을 만들어 숭배하게 하였으나 후에 다른 사람들이 그 상을 깨뜨려 버린 자리라고 설명합니다.

그 건물이 문화재로 지정되고 그 후손들은 고난의 보답으로 현재는 관광 수입으로 먹고 산다고 설명합니다.

◀ **제주사계** 캔버스 유채 162.0×130.0 **서봉남作**

다음 신이 만든 자연은?

보통 관광객은 인간이 만든 문화를 보며 그 내용들을 보면서 또 다른 한 분야인 자연은 그냥 스쳐 지나갑니다. 이제 자연을 보는 방법을 알려드리겠습니다.

앞에 보이는 식물들을 마음속으로 거두어 보면 뼈대, 즉 땅이 보일 것입니다. 화가들은 사람을 그릴 때 옷을 입고 있어도 마음으로 옷을 벗기고 인체를 보면서 뼈의 골격까지 보아야 사람을 그릴 수 있기 때문입니다.

그것을 해부학이라고 합니다.

땅을 해부하면서 속을 들여다보면 몇 억만 년 전 지구의 생성 과정이 보입니다.

지구에는 한 덩어리의 평평한 땅과 물이 있었고 그 땅 위에서는 집채보다 큰 공룡과 작게는 주먹만한 공룡들이 살았습니다. 몸의 균형이 맞지 않아 기우뚱거리며 걸어 다녔고 나무들은 높이가 수백 미터에 달하는 큰 나무들로 울창했습니다. 큰 빌딩만한 공룡들이 그 나무들을 먹어치워 모든 식물들이 파괴되어서 지구는 혼란해졌고 결국 대 폭발이 일어났습니다.

그때 평평했던 땅덩어리가 나뉘어지면서 판게아(Pangaea)가 서로 충돌하고 밀리는 바람에 높은 산이 솟아났습니다. 이때에 비로소 지구는 오대양 육대주가 생겨났습니다.

그 후 1억 5천만 년 전 다시 지구는 현재의 높은 산에서 계곡으로 흘러내린 흙들이 평야와 늪지가 되었습니다. 식물들은 50미터 미만의 나무들이 자라기 시작했고 균형 있는 새로운 동물들이 살게 되었고 이때 비로소 인간이 살게 되었고 현재에 이르고 있습니다. 인간들은 식물과 동물들이 살아 있는 것을 보며 어떤 사람은 신이 만들었다고 하고 어떤 사람들은 자연히 생겨났다고 말합니다.

여러분 자연을 보면 더욱 놀랍지 않습니까? 경이롭고, 아름다운 비밀들... 생명의 꿈틀거림, 보이지 않던 것들이 새삼 눈에 보이며 모든 자연이 서로 대화하면서 살아가는 것들을 보면 감탄의 소리가 저절로 납니다. 자연과 과학, 이 두 가지를 같이 봐야 진정한 관광의 묘미를 누릴 수 있습니다.

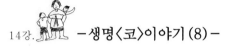

중요한 기능의 냄새

사람의 남녀가 첫눈에 반하는 데는 낭만이 아닌 과학이 더 많이 작용한다고 합니다. 사람의 오감 중에서도 특히 후각이 남녀의 만남에 결정적인 역할을 하는 것으로 밝혀졌다는 것입니다.

코는 오감의 하나로 냄새를 맡을 수 있는 능력을 가지고 있습니다.

코 속에는 점막이 항상 젖어 있어 점막의 감각세포로 냄새를 맡습니다. 정확하게 말하자면 공기 중의 화학물질들을 감지하는 것을 말합니다.

동물들 중에서도 개나 여우 등 작은 동물이 있지만 큰 동물인 코끼리도 후각이 발달해 있습니다. 그들은 사람이나 다른 동물, 또는 물건 등을 인식할 때도 후각으로 인식한답니다.

이와 반대로 냄새를 자기방어로 사용하는 동물도 있습니다. 대표적인 동물은 스컹크인데, 자신이 불리한 여건에 놓이게 되면 냄새를 피워 적으로부터 몸을 보호합니다.

은행나무나 미국에 있는 세쿼이아 나무는 스스로 자기를 방어하기 위하여 냄새를 피웁니다. 새나 벌레가 자신에게 가까이 오지 못하도록 냄새를 피우고 자신의 줄기에 이끼가 끼게 하여서 자기를 관리합니다. 후각은 동물에게 중요한 삶의 기능인 것을 의미합니다.

후각은 인간에게도 주어졌습니다.
미국의 어느 시사주간지에서 사람의 남녀가 첫눈에 반하는 데는 낭만이 아닌 과학이 더 많이 작용한다고 보도했습니다. 사람의 오감 중에서도 특히 후각이 남녀의 만남에 결정적인 역할을 하는 것으로 밝혀졌다는 것입니다. 남녀가 사랑에 빠지는 것은 번식의 욕구 때문이며, 두뇌와 오감이 고도의 협력 작용을 통해 자신에게 맞는 짝을 찾게 된답니다.

최근에 와서 남녀의 만남에 중요한 역할을 하는 것은 '필 (Feel)'이라고 하는데 두 사람이 만났을 때 상대방에 대한 각별한 냄새, 즉 느낌이 와서 지속적인 만남을 통하여 가까워지는 것입니다. 자신의 이상형인 이성을 만나 시각적인 요인들이 첫눈에 반하게 만드는 역할을 하지만 이보다 더 결정적인 요인은 '첫 맛, 첫 냄새'라고 합니다.

멋있게 보이는 육체적인 시각과 아름다운 목소리, 부드러운 몸의 촉각도 중요한 요인으로 작용하지만, 상대의 좋은 냄새가 더 중요한 요인으로 후각이 특히 결정적인 역할을 합니다.
이 때 이성을 유혹하는 화학물질 페로몬도 중요하게 작용하고
여성의 배란주기도 무의식적으로 작용합니다.

  이처럼 이성에게서 풍기는 냄새가 상대방을 첫눈에 반하게
하는 결정적인 요인이라고 합니다

네덜란드 인상 캔버스 유채 116.7×91.0 **서봉남作**

한반도의 5분의 1밖에 안 되는 작은 나라이면서도 큰 나라, 바다보다
낮은 나라 네덜란드, 네덜란드의 역사는 '물과의 싸움' 역사로 20번 이
상 국토가 물의 피해를 입어 지금도 가끔 수천km에 달하는 제방을 바
다가 무자비하게 덮치곤 한단다. (작품- 과거 풍차와 현대의 풍차, 튤
립 꽃, 치즈와 여인, 유럽의 베니스 등)

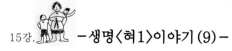

봉사자 맛

혀에는 다섯 가지 맛을 감지할 수 있는 능력이 있을 뿐 아니라 부지
런하기로도 유명합니다. 신맛의 음식이 들어오면 신맛을 좋아하는
몸의 부분에 연락하고, 단맛, 쓴맛, 짠맛, 감칠맛 등 혀는 맛을 감지
하여 신체부위의 필요한 부분으로 통보하는 역할을 합니다.

우리의 정신에 관계되는 것은 오감이지만 육체에 해당하
는 것도 다섯 가지의 맛이 관장합니다.

눈으로 보기에는 입이 하나이지만 사실은 두 개입니다. 입으
로 들어가는 것은 육체에 관계되는 것이고, 입속에서 나오는
것은 바로 정신입니다.

육체를 건강하게 해주는 제1호는 입으로부터 시작합니다.
육체 건강을 좌우하는 모든 음식은 입으로부터 시작한다고 봐
야 되겠지요.
입술은 도톰하고 붉은 입술과 말랑말랑하고 부드러운 촉감
을 가졌습니다.

입을 열고 들어가면 이빨이 지키고 있고, 다음에는 혀가 기다리고 있습니다.
혀 바닥에 오돌오돌 돌기가 돋아 이곳에서 5맛을 알아내는 일을 합니다.

더운 지역의 흑인들

그곳 더운 나라 사람들은 과일이 많기 때문에 과일을 잘 먹을 수 있도록 앞니가 발달되어 있습니다. 그리고 그들은 앞니의 중요함을 잘 알기 때문에 앞니가 튼튼한 것을 자랑으로 여깁니다. 앞니는 수평으로 가늘게 칼날처럼 단단하게 생겼고, 특히 젊은이들이 결혼하기 위해서는 제일 먼저 앞니가 튼튼하고 잘생겼나를 본답니다. 그들은 기분이 제일 좋을 때는 앞니를 보이면서 웃고, 제일 무서운 표정을 지을 때도 역시 앞니를 드러냅니다. 아프리카 가면의 탈 같은 것을 보면 앞니에 대한 내용들을 많이 보게 됩니다.

추운 지역의 백인들을 어떨까요?

그들은 유목민이며 추운 곳이어서 주로 고기를 먹습니다. 그래서 송곳니가 발달합니다. 모든 육식동물도 송곳니가 발달하기는 마찬가지이지요. 송곳니는 창처럼 끝이 날카로워야 하고 단단해야 합니다. 이곳 사람들도 역시 기분이 좋을 때는 송곳니를 자랑스럽게 보이는 것을 좋아하고, 제일 무서운 표정을 지을 때도 역시 송곳니를 보입니다. 여러분도 < 드라큐라 > 라는 영화를 보셨을 겁니다.

농사를 짓고 사는 우리 동양인을 봅시다.

우리는 딱딱한 곡식을 먹는 민족이어서 당연히 어금니가 발달하게 되어 있습니다. 딱딱한 곡식을 부셔야 하니까 넓적하고 단단한 바닥니가 필요하겠지요. 그런데 동양인은 입 깊은 곳에 어금니가 들어 있으니 자랑을 할 길이 없습니다.

그래서인지 흑인과 백인에 비해 표현력이 부족해서 내성적인 무표정으로 변한 것 같습니다. 기분 좋은 표정을 억제하고, 무서운 표정도 머리를 풀어 헤치는 것으로 마무리합니다.

입의 활동 상황을 볼까요?

입속의 이빨 바로 안에는 단짝으로 활동하는 재주 좋은 혀가 항상 대기하고 있습니다. 그 혀에는 다섯 가지 맛을 감지할 수 있는 능력이 있을 뿐 아니라 부지런하기로도 유명합니다.

신맛의 음식이 들어오면 신맛을 좋아하는 몸의 부분에 연락하고, 단맛, 쓴맛, 짠맛, 감칠맛, 매운맛 등 혀는 맛을 감지하여 신체부위의 필요한 부분으로 통보하는 역할을 할 뿐 아니라 체소가 들어오면 앞니로 보내고, 딱딱한 곡식이 들어오면 어금니로, 질긴 육식이 들어오면 송곳니로 잘도 보냅니다.

혀가 제일 바쁠 때는 언제인지 아십니까?

바로 상추쌈 먹을 때입니다. 과일만 들어올 때는 천천히 앞니로만 보내면 되었는데, 상추쌈의 경우는 육식, 채소, 곡식이 한 꺼번에 들어오니까 세 곳으로 분류해서 보내려니 정신없이 바 바쁩니다.

저는 상추쌈을 좋아합니다. 그러나 항상 기분 좋은 마음으로 봉사하는 혀에게 고생을 시켜서 미안하기도 하고 한편 고마워 합니다. 그래서 상추쌈 먹고 나면 깨끗한 물로 청소해주는 것 을 잊지 않지요.

물의순환 캔버스 유채 53.0×45.5 **서봉남作**

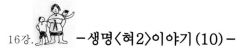

16강. ─ 생명〈혀2〉이야기 (10) ─

건강 음미 음식

북쪽의 추운 지역에 사는 사람들은 주변이 항상 아무 곳이나 냉장고여서 모든 고기는 날것으로 먹고, 남쪽의 더운 지역에 사는 사람들도 역시 일 년 내내 태양이 비추어서 모든 식물들이 자유롭고 풍성하게 자라서 많은 열매가 지천으로 달려 있으므로 배고프면 그냥 따먹으면 되었고, 서쪽 유목민들의 경우 모든 식물은 동물들이 먹는 것으로 생각해서, 그 대신 사람들은 그 동물들을 먹으며 살았습니다. 때문에 구태여 음식을 만들 필요를 느끼지 못해 있는 그대로 먹었습니다. 동쪽의 농경사회 사람들은 농사짓는 법을 터득하여 식물성 씨앗을 주식으로 먹었습니다.

지구 위에 사는 인간은 기후와 지형에 따라 음식을 먹는 방법과 습관이 달라져 왔습니다.

북쪽의 추운 지역에 사는 사람들은 주변이 항상 아무 곳이나 냉장고이기 때문에 모든 생선이나 동물고기를 날고기로 먹어도 되어서 특별하게 음식을 만들어야 할 필요가 없었습니다.

남쪽의 더운 지역에 사는 사람들도 역시 일 년 내내 태양이 비추어서 모든 식물들이 자유롭고 풍성하게 자라서 많은 열매가 지천으로 달려 있으므로 배고프면 그냥 따먹으면 되었기 때문에 구태여 음식을 만들 필요를 느끼지 못했습니다.

서쪽 유목민들의 경우 모든 식물은 동물들이 먹는 것으로 생각했고, 그 대신 사람들은 그 동물들을 먹으며 살았습니다.

그들은 항상 다른 지역으로 유랑생활을 하면서 새로운 환경에 부딪힙니다. 어느 지역에서는 새로운 과일을 먹어보기도 하고 또 다른 지역에서는 처음 보는 식물의 뿌리를 먹어보면서 독특한 맛과 향을 발견하게 됩니다. 그래서 열매와 뿌리와 고기의 맛과 향이 모두 독특하게 개성이 있음을 발견하고 그 맛을 잃지 않기 위해 맛을 가공하여 케첩이나 마요네즈 등으로 만들어 골고루 음미하면서 먹게 되었습니다.

동쪽의 농경사회 사람들은 농사짓는 법을 터득하여 식물성 씨앗을 주식으로 했습니다. 곡식으로 음식을 만드는 방법과 수많은 채소를 하나로 버무려서 반찬을 만드는 방법을 연구하였고, 사계절의 기후에 알맞게 발효음식 등을 다양하게 만들었습니다. 서양음식의 경우는 모든 음식을 분류하여 특징을 찾았으나 동양의 경우는 각각 다른 것을 하나로 묶어서 다섯 가지 맛(단맛, 쓴맛, 신맛, 짠맛, 감칠맛)의 특징들을 따로 느끼지 못하도록 혼합하였습니다.

이것을 음악으로 표현한다면 서양의 음식은 솔로이며 동양의 음식은 합창이라고 생각하시면 됩니다. 솔로의 경우는 두뇌를 자극하지만 합창의 경우는 가슴을 자극하는 것입니다.

농악 캔버스 유채 116.7×91.0 **서봉남作**

17강. **-생명〈물〉이야기 (11) -**

생명의 물

물에게도 암수가 있고 그 아기물방울들이 땅속 동굴여행을 시작하는 동안 우측으로, 좌측으로, 밑으로, 어두운 동굴 속을 여행하면서 어떤 때는 부드러운 흙을 지나고, 또는 거칠고 힘든 길을, 쫄깃쫄깃한 미끄러운 흙길을 미끄럼 타면서 지나면서 아기물방울은 미네랄을 포함한 지하수로 변해갑니다.

하나님께서 창조하신 우주, 검푸른 맑은 하늘엔 수많은 아름다운 별들이 반짝입니다. 노란색 또는 푸른색 별빛이 반짝이면서 움직일 때에는 나의 마음도 우주 속으로 빠져 들어갑니다.

푸른 별이 공중에 떠다니면서 힘에 부치면 아름다운 푸른색의 별이 지구 위로 떨어지는데 과학자들의 말에 의하면 1분에 약 20개의 별이 지구를 향해 떨어진다고 합니다. 그 별 하나는 보통 100톤이 넘는 큰 얼음덩어리이며, 만약에 운석별이 지구에 떨어지면 위험하고 큰일이 나지만, 얼음덩어리별이 떨어지는 것은 너무나 좋은 것이라고 말합니다.

얼음덩어리별이 지구 대기권에 들어오면 바로 녹아서 작은 얼음알갱이나 물방울이 되어 커다란 구름으로 변합니다.

축축한 땅에서도 햇볕이 내리 쪼이면 물이 증발돼, 액체에서 기체가 되면서 공기보다 가벼워지고, 땅에서부터 하늘로 오르면 구름 속에 같이 모여 계속 떠다니다가 온도가 낮은 곳을 지나면 수증기가 응결돼, 다시 액체가 되어 무거워져서 아래로 떨어지는데 공기가 따뜻하면 비가 되고, 공기가 차가우면 눈이 됩니다.

물에게도 암수가 있는데 남자로 태어난 어린 물방울 하나가 구름 속에서 태어나 땅을 향해 떨어졌습니다.

연초록색의 가냘픈 풀잎에 살며시 떨어져 데구루루 굴러서 조금 큰 잎에 떨어지고 또다시 더 큰 잎으로 또 더 큰 잎으로 속도를 내면서 미끄러져 드디어 잠자고 있던 개구리 등에 '철썩' 떨어지면서 개구리를 잠에서 깨움과 동시에 아기 물방울은 잔잔한 호수에 풍덩 빠지면서 기절했습니다.

아기 물방울이 정신을 차리고 깨어났을 때는 이미 아침 이슬이 되어 산 계곡을 날아다니고 있었습니다. 커다란 산 계곡 이곳저곳을 여행하다가 힘이 부친 아기 물방울은 흙으로 떨어져 떼굴떼굴 굴러가는데 조그마한 동굴을 발견했습니다.

이때부터 아기 물방울의 동굴여행이 시작됩니다. 우측으로, 좌측으로, 밑으로, 작은 곤충들이 살고 있는 어두운 동굴 속을 여행하면서 어떤 때는 부드러운 흙을 지나고, 또는 거칠고 힘든 길을, 쫄깃쫄깃한 미끄러운 흙길을 미끄럼 타면서 지나면서 아기 물방울은 미네랄을 포함한 지하수로 변해갔습니다.

아기 물방울은 자갈길 사이를 피해가며 다닐 때도 있는 여행을 계속하는데, 이번에는 커다란 산더미 같은 돌이 앞을 가로막았습니다. 더 이상 앞으로 갈 수 없었으나 아기 물방울은 용기를 내어 바위벽을 타고 계속 밑으로 밑으로 내려가 보았습니다. 어둠 속에서 바위를 더듬으며 걸어가는데, 멀리에 가느다란 불빛이 보였습니다. 아기 물방울은 반가워서 그곳을 향해 힘을 내어 얼굴을 내미니 용천수로 변했습니다.

아기 물방울은 드디어 어두운 동굴여행이 끝나고 물이 솟는 밝고 맑은 샘으로 솟아 올라왔습니다.
그 샘에는 또래의 아기 물방울 친구들이 살고 있었고, 하나둘 모여들어서 커다란 물 덩어리가 되었습니다.

이제는 좁은 샘 속에 고여 있을 수가 없게 되어서 또다시 여행을 떠나기로 했습니다. 이번 여행은 몇몇 친구들과 함께 떠나니까 심심하지 않을 것 같아서 너무나 좋았습니다.
아기 물방울들은 서로 재미있는 이야기를 하면서 천천히 걸

건널목 캔버스 유채 53.0×45.5 **서봉남作**

건널목 작품에서 보여지는 위기의식 작품이다. 천하대장군 지하여장군처럼 난립한 전신주와 위험 표지판, 나무들은 사실상 찻길과 철로가 보이지 않는 실제의 상황이라는 데서 더욱 위기의식을 고취하고 있다. 서봉남의 의식은 구체적인 대상을 중화하는 심상의 표현에 의해 일면으로는 첨예화하는 양극상을 보인다. 화면에서 위기의식을 유발하는 대상은 상대적으로 어둡게 또는 찬 색으로 표현되는데 길 건너편에는 위험에서 안전한 휴식의 파라솔이 있고 위쪽의 식별표지인 어린이를 포함하는 배경은 밝게 화사하게 황금색 장미로 따뜻하게 표상되고 있는 것이다. 그러면서도 그 배경에 녹아든 꽃의 존재와 상징적 의미가 부각되어 있다.

어서 출발했습니다.

개구쟁이 물방울들은 작은 돌멩이에 부딪치는 장난을 하면서 계속 내려가고 있는데, 오른쪽 길에서 다른 친구들이 모여들고, 또 왼쪽 길에서 또 다른 친구들이 모여들었고 더 요란한 소리와 함께 점점 속도를 내면서 경쟁하듯이 달려갔습니다.

그 사이 아기 물방울은 소년 물방울이 되어 있었고, 소년 물방울들은 힘차게 바위에도 부딪치면서 몸에 붙었던 땟국물이 씻겨나갔고 깨끗한 몸으로 변해갔습니다. 그들은 모래를 굴리면서 재미있게 노래를 부르면서 내려갔습니다. 골짜기에서 작은 오솔 물길이 점점 커지는 시냇물이 되고, 이어서 하천물이 되면서 더 많은 친구들이 모여들었고 소년 물방울들은 이미 청년 물방울이 되어 있었습니다.

그들은 더 큰 모래들을 밀면서 내려가 드디어 커다란 강 입구까지 내려왔습니다.

그동안 정신없이 여행했던 청년 물방울은 이제 장년 물방울이 되어 젊은 시절 경쟁하며 다투던 용기가 낮은 곳으로 흐르면서 겸손을 배웠고 웅덩이를 보면 이를 다 채워주는 포용력을 터득하였고 더러운 물을 만날 때는 깨끗하게 씻겨주며 사람들에게 거울처럼 자신을 비춰보라고 가르치면서 내려가는 동안 무리들과 함께 힘없이 천천히 더 큰 강으로 미세한 모래만을 밀면서 내려갔습니다.

오랜 시간을 거치면서 내려간 물방울은 빗자루를 거꾸로 세워 놓은 듯한 길목에서 그동안 정들었던 친구들과 서로 이별을 해야 했습니다. 사람들이 살고 있는 도시를 지날 때 환경에 오염되었던 더러운 것들을 깨끗하게 정화하면서 물방울은 힘에 부치는 언덕길을 넘어 드디어 넓은 바다에서 친구들을 다시 만났습니다.

처음 만났을 때 아기였던 물방울들은 이제 노인이 되어 옛날 이야기를 하면서 하루에 한 번씩 천천히 육지로 갔다가 바다로 나오면서 젊은 시절에 높은 산에서부터 바다까지 내려오던 추억담을 나누며 평화롭게 살아가게 되었습니다.

노인이 된 물방울들은 넓은 바다에서 고요히 지내며 가끔 바다를 뒤집는 대청소(태풍)를 해야 했고, 젊은 시절에는 몸에 힘이 솟고 활발해서 민물에서도 건강을 유지했는데 지금은 운동량이 부족하여서 몸의 건강을 유지하기 위해 소독약(7퍼센트의 소금)을 바르면서 행복하게 살고 있답니다.

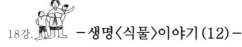

18강. — 생명〈식물〉이야기 (12) —

색의 마술사, 식물

지구가 기울어진 채 태양 둘레를 돌고 태양의 높이와 태양이 비추는 시간이 달라져서 사계절이 생겨났습니다.

지구가 기울어진 채 태양 둘레를 돌고 태양의 높이와 태양이 비추는 시간이 달라져서 사계절이 생겨났습니다.

3월 이른 봄

봄 햇볕이 따사로워지면서 깊이 겨울잠을 자고 있던 풀씨에게 겨울동안 꽁꽁 얼었던 얼음이 녹으면서 촉촉하고 포근한 기운이 씨앗 주변을 맴돌았습니다.

"얘야, 봄이 왔단다! 그만 자고 일어나렴."

누군가가 아기 씨앗의 어깨를 흔들어주었습니다. 아기 풀씨는 감싸고 있던 두꺼운 옷을 벗어 던지고 살포시 땅 위로 고개를 내밀었습니다.

연초록색의 아기 싹이 양지바른 담장 밑에서 하늘을 바라보니 화창하고 따뜻한 밝은 태양이 손짓하며 미소를 짓고 있었습니다. 길 건너 도랑에서는 겨울 동안 잠자던 얼음이 녹아서 작은 시내를 이루며 즐거운 노래를 흥얼거리며 흘러가고 있고, 건너편 그늘진 곳에선 솜처럼 하얀 눈이 하얀 이를 드러내고 물과 새와 함께 합창을 하고 있습니다. 그 주변에는 앙상하게 뼈만 남은 채 키가 높은 나무들이 아직 깊은 잠을 자고 있나 봅니다.

아기 풀이 주변을 한 바퀴 돌아봤더니 내가 제일 먼저 세상에 나왔나 봅니다. 모두들 잠을 자고 있고 아무도 없으니 혼자서 무섭기도 하지만 주변에는 잠자고 있는 식물이 아닌 다른 이웃들이 나를 보호하고 있어서 안심이 되었습니다. 연약한 아기 풀은 주변의 사랑을 독차지하면서 무럭무럭 자랍니다.
잎 받침을 넓게 펴고 빨대 기둥을 세우고 물을 흠뻑 빨아올리고 한 송이의 노란 꽃을 피웠습니다. 연약한 새 생명들은 다른 억센 생명체들보다 더 일찍 서둘러서 꽃 피우고 씨앗까지 만들어야 하기 때문입니다.

4월
옆에서 늦잠 자다 일어난 나보다 힘이 센 풀이 기지개를 켜며 나왔습니다.
"안녕!"
"민들레야, 넌 참 부지런하구나, 벌써 꽃까지 피웠으니."

홍도인상 캔버스 유채 65.2×53.0 **서봉남作**

서봉남 기명성인 아이들을 찾기 전에 화면을 대각선으로 나누어 보자.
오른쪽 위의 등대는 왼쪽 아래의 배들과 대각선상으로 연결되고, 왼쪽
의 해바라기와 오른쪽의 꽈리는 역시 대각선의 양쪽에 위치하고 있으
며 이 대각선에 의한 대칭구도를 전체적으로 방파선이 섬의 모든 것을
감싸고 용트림을 하고 있다. 그 포름이 연결되는 점점에 아이들이 있다.
여자아이는 턱을 고이고, 서있는 남자아이는 팔을 올리고 있는 데서 이
형체는 모든 작품 속에 판박이처럼 동일한 양상을 보이고 있다. 이 형체
들과 포즈를 보면 남녀, 또는 음과 양을 상징으로 하고 모든 작품들의
분위기를 하나로 통일시켜주는 맛쇠가 되고 있다고 보여진다.

민들레는 옆의 풀이 자라는 것을 보면서 서둘러 노란 꽃을 달덩이처럼 만들고 이어서 씨앗 하나 하나에 낙하산을 달고 세상으로 훨훨 날아갔습니다.

겨울잠을 자던 태양도 봄이 되니까 천천히 지구를 향하여 온도를 높여 비춥니다. 촉촉하던 땅이 점점 건조해지며 메마르기 시작했습니다. 풀이 갈증을 느끼고 있을 때 높은 곳에서 소리가 들려왔습니다.

"안녕! 키 작은 풀아, 너 목마르니?"

풀은 소리를 듣고 하늘을 올려다보자 키가 엄청 큰 목련나무가 내려 보면서 웃고 있었습니다.

"응 나 목말라……"

목련나무는 하얗고 커다란 물꽃 덩어리를 풀머리에 '철썩' 하고 던져주었습니다. 풀은 목련꽃이 준 물꽃을 받아먹고 힘을 내어 정신을 차리고 있는데, 옆에 있던 배나무와 사과나무가 풀을 보면서 속삭였습니다.

"애, 풀아. 네가 빨리빨리 자라야지, 네가 크기 전에는 잎을 피울 수가 없잖아. 내 잎이 나오면 넌 그늘져서 살 수 없으니까 네가 빨리 자라도록 기다릴게. 그 대신 우린 그동안 꽃부터 피우고 있을게."

5월

하얀 얼굴의 배나무와 분홍빛 뺨을 가진 사과나무는 아래에 있는 풀이 빨리 자라도록 인내하면서 기다리고 있었습니다.

드디어 연초록색이었던 풀들이 자리 잡아가며 정돈하고 있었고 얼굴 또한 진초록색으로 물들면서 씩씩하게 자라고 있습니다. 이제 배나무와 사과나무, 매화, 복숭아꽃, 라일락 등은 안심하면서 나뭇가지 사이로 그동안 참고 참았던 초록 잎을 펴기 시작했습니다. 과실나무들도 서둘러서 작은 열매들을 알알이 매달고 영글어 갑니다.

6월

태양이 점점 뜨거워지기 시작하자 작은 나무 위쪽에 키가 큰 밤나무가 지켜보고 있다가 말합니다.

"음, 나보다 키가 작은 배나무와 사과나무도 잎을 펴며 잘 자라고 있으니까 나도 슬슬 잎도 풀고 꽃도 피워볼까?"

들에서는 카네이션, 장미꽃과 마지막 밤나무가 꽃을 피우기 시작했습니다.

7월

제일 게으른 나팔꽃과 칡이 늦잠에서 깨어났습니다. 나팔꽃은 슬금슬금 낮은 풀들의 어깨를 타고 올라가고, 칡은 작은 나무를 거쳐 큰 나무까지 기어 올라가고 있었습니다. 제일 높은 꼭대기에 올라온 칡이 양팔을 벌리고 하늘을 향하여 소리쳤습니다.

"하나님! 감사합니다. 당신은 사랑이시어서 우리 식물들이 작고 연약한 것부터 차례차례로 사이좋게 골고루 태양의 영양분을 받으면서 살게 하여주셔서 감사합니다."

 자연의 모든 생명체는 작고 연약한 풀로부터 시작하여 커다란 나무까지 골고루 순서대로 자라며 사이좋게 살아갑니다.
 식물들은 봄부터 새싹을 피우고 여름을 지나 가을에는 풍성한 열매를 맺고 종족번식을 위하여 다양한 방법을 사용합니다. 민들레, 방가지똥, 박주가리, 참마, 소나무 등은 날개를 달고 바람을 이용하여 날아갑니다.
 씨앗에 갈고리가 달려서 동물들의 몸에 달라붙어서 자신의 새 삶의 터전을 찾는 파리풀, 도깨비풀이 있는가 하면 한술 더 뜬 도둑놈풀에는 진드기나 갈고리가 있고, 무게가 나가는 도토리, 호두, 동백, 밤 같은 열매들은 그냥 떨어져서 굴러다니다 자리를 잡습니다.
 살짝만 건드려도 폭죽처럼 힘이 세게 터져서 조금 멀리 퍼트리는 괭이밥, 봉선화, 냉이, 제비꽃, 콩 같은 씨앗이 있고, 수박이나 참외, 포도 등은 동물이나 사람에게 먹힘으로 인해서 자기의 영역을 넓혀 갑니다.

 이같이 모든 식물들이 자기를 지켜갈 만한 충분한 것들을 가지고 태어나는 것을 보면 하나님의 창조 섭리에 감탄과 경이로움을 느끼지 않을 수 없습니다.

19강. −생명〈동물〉이야기 (13) −

세상을 누비는 동물

물속의 물고기들은 진동 전파를 보내 서로 위험을 알리는 신호를 하며 살아가고, 캄캄한 동굴 속 곤충들은 더듬이 촉각만 있으면 살아가는 데 지장이 없고, 지상의 땅을 밟고 살아가는 동물들은 귀(소리), 코(냄새)가 발달하여 살아가고, 공중을 나는 새들은 눈(시력)이 발달해 살아가고 있습니다.

지구의 **땅**에서 제일 깊고 낮은 곳이 물속이며, 물속에서 사는 물고기들의 종류는 크게 세 종류가 있습니다.

바다 바닥에는 넙치를 비롯하여 많은 물고기들이 살고, 중간에서 수영하면서 사는 참치와 그 외 많은 종류의 물고기, 또 물위를 나는 날치가 있습니다.

땅 위의 공기 속에서보다 물속에서는 물고기들의 몸에서 발산하는 진동의 속도가 더 빠르게 전달되어 물고기들은 서로 전파를 보내 눈의 역할을 하고 서로 위험을 알리는 신호를 하며 살아가고 있습니다.

땅 위에서 사는 동물은 채식과 육식 또는 잡식의 세 종류가 있으며, 새끼를 낳는 동물과 알을 낳는 동물이 있습니다.
새끼를 낳는 동물들은 등뼈와 젖이 있어서 알을 낳는 동물보다 지능이 더 높습니다. 그런데 알로 태어나는 동물들은 성장하여 살다가 자기가 태어난 고향으로 돌아와서 알을 낳고 죽는 것을 볼 수 있습니다.

　하늘에서 내린 물이 땅속으로 스며들면서 땅속에 작은 동굴들이 만들어졌는데 그 굴속에서 작은 곤충들이 터를 잡고 살아가고 있습니다. 작은 곤충들은 살아가기 위해서 많은 발이 필요하였습니다. 캄캄한 동굴 속에서는 눈이 중요하지 않았고, 그 대신 더듬이 촉각만 있으면 살아가는 데 지장이 없었기 때문에 구태여 다른 기관들이 발달할 필요가 없었습니다.

　지상의 땅을 밟고 살아야 되는 개나 여우 등 작은 동물들에게는 눈앞에 가려지는 장애물들이 많고 그것들이 눈을 가렸기 때문에 위험했습니다. 그래서 시력이 나빠진 대신 미세한 소리를 듣기 위해 귀를 쫑긋이 세우고 냄새를 잘 맡아야 하였기 때문에 귀와 코가 발달하여(사람의 50배 이상 잘 들리고 냄새를 맡음) 살아가고 있습니다.

　땅 위의 호랑이나 사자 같은 큰 동물들은 코와 눈이 발달했습니다. 코로 냄새를 맡고 눈으로 보면서 사냥을 해야 했기 때문입니다. 산속에서 사는 호랑이 같은 동물들은 눈앞에 가려지

일본인상 캔버스 유채 91.0×72.7 **서봉남作**

고즈넉한 낭만이 흐르는 일본, 일본사람들의 정신적 문화적 고향으로
자리매김한 종교, 특히 봄이 되면 벚꽃으로 인해 일본 전체가 뜨거운 열
도의 축제가 된다. 일본하면 후지 산, 나고야 성, 메이지 신궁, 청수사와
금각사 황궁 등이 떠오르고 메이지 시대에는 서양의 문물을 받아들여
그것을 변형하여 일본 문화로 발전시켰다.

는 장애물이 많기 때문에 가려진 사이로 잘 보기 위해서는 동
그란 눈동자를 가져야 했습니다.

호랑이 눈은 원형으로 동그랗게 바깥쪽이 흐리고 중앙의 동
그라미는 선명하게 사물이 보여서 사냥하기 쉬웠습니다.

그러나 평야지대에 사는 사자의 경우, 장애물이 없고 드넓은

시야를 응시했기에 눈동자는 양옆을 잘 볼 수 있도록 수평 눈동자를 가졌고, 그의 눈은 수평으로 위아래가 흐려지고 중앙의 수평선은 선명하게 잘 보여서 작은 동물들을 사냥하며 살아가고 있습니다. 또 가까운 전방 1미터 앞밖에 볼 수 없는 장님에 가까운 작은 동물, 양과 염소 등은 양은 평지에, 염소는 방어할 뿔이라도 있어서 언덕 등에 살지만 이 작은 동물들은 누군가의 보호를 받아야만 살아갈 수 있기 때문에 이미 기원전 6천 년 전부터 인간이 보호하며 키우기 시작했답니다.

지상에서 제일 높은 곳에서 자신의 몸보다 몇 배나 되는 커다란 날개를 가지고 있는 새들 중 육식 새는 눈과 발이 발달해 있습니다. 독수리의 경우 수백 미터의 높은 하늘에서도 모래밭의 콩알이 눈에 보입니다.

새들은 두 개의 눈은 양쪽에 붙어 있어서 360도 사방을 볼 수 있도록 되어 있고, 이때는 모든 사물들이 평면으로 보이다가 무엇이 꿈틀하는 느낌을 받을 때 두 눈동자를 한곳으로 모아서 집중시키면 그 사물이 확대되어 사물이 선명하게 보이기 때문에 작은 동물을 잡거나 모래 속의 콩을 주워 먹을 수 있는 것입니다.

하나님은 지금까지 각 동물들이 자기가 사는 지역의 환경에 따라 잘 적응하여 한 가지씩 예민하게 발달한 감각이나 기능을 가지고 이 땅 위에서 잘 살아가도록 해주셨습니다.

제3부
인문학의 지혜를 담은
특별강의

문화이야기
Story of Culture

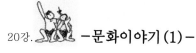

− 문화이야기 (1) −

조기교육

하늘로부터 선물로 세상에 태어난 아기는 온유하고 활동적이고 참을성도 있습니다. 아기는 동물적 욕구가 채워졌을 때, 그래서 만족스러움을 느끼는 순간, 감사하는 성스러운 감정을 느끼기도 합니다.

아빠와 엄마가 한 생명을 탄생시켜 태어난 아기는 또 하나의 작은 우주입니다. 이 아기는 엄마의 배 속에서 이미 모든 것을 느끼며 엄마의 기분을 잘 알고 있었습니다. 엄마의 감정이 어떠하였는지 평화로웠는지 엄마가 화나 있었는지 모든 것을 감지하며 싱싱한 빛과 생생한 음향을 듣고 있었습니다.

아기는 이러한 모든 것을 하늘로부터 선물로 받고 태어났습니다. 세상에 태어난 아기는 온유하고 활동적이고 참을성도 있습니다. 아기는 동물적 욕구가 채워졌을 때, 그래서 만족스러움을 느끼는 순간, 감사하는 성스러운 감정을 느끼기도 합니다. 위험이나 죽음이나 공포보다 더 강하게 작용하는 성스러운 힘이 있기도 합니다.

그래서 엄마의 얼굴에 괴로움의 감정이 심하게 나타나면 아기는 엄마의 고통을 덜어주고파서 그 가슴에 얼굴을 파묻고 같이 죽기를 원하며 울기도 합니다. 아기는 동정이 무엇인지 죽음이 무엇인지를 이해하기 전에 엄마를 위해 죽으려고까지 하는 것입니다. 아기는 편안한 환희의 예감을 알고 있습니다. 아기는 아직 전능의 힘을 이해하지는 못하겠지만 그 힘에서 비롯한 여러 도덕에 대한 예감을 가지고 있다는 것입니다. 작은 우주의 한 부분, 하나의 생명으로 태어난 아기는 영원한 생명, 그리고 영원한 행복을 위해 태어난 것입니다.

아기는 성장하면서 우주를 배우며 누가 가르치지 않아도 자연히 깨달아갑니다. 그러나 어떤 어머니는 아이가 성장하기도 전에 벌써 조기교육이라는 것을 시킵니다. 어머니가 교육해야 하는 것은 단순하게 곁에서 성장하는 것을 지켜보면서 사랑만 쏟아주면 되는 아주 간단한 것인데도 말입니다.

아이는 스스로 터득하고 공부를 하는 것입니다.
어머니는 나라에서 정해준 교육, 다시 말해서 초등학교부터 고등학교까지 나라에서 권장하는 교육 기간에 교육 전문가에게 보내기만 하면 됩니다. 그것은 교육 전문가들이 오랜 기간 연구에 의해서 만들어진 교육프로그램으로 인간이 이 땅에서 살아갈 수 있는 방법을 가르쳐 주는 교육이기 때문입니다.

동심-나들이 캔버스 유채 91.0×72.7 **서봉남作**

 초등학교 이전의 교육은 어떤 것입니까?

 이전 교육은 자연교육일 것입니다. 아기는 어머니 뱃속에서 이미 천 리를 보고 있었다고 옛 어른들이 말로 전해왔고, 이 세상에 태어난 어린이는 눈에 보이는 모든 것을 입체적으로 보는 눈을 가지고 있습니다.

 예를 들어서 앞에 보이는 사람을 볼 때, 어린이는 그 사람이 공중에서 내려다보이기도 하고 뒤에서 보이기도 하고 땅속에서 올려다보이기도 하는 것입니다.

그래서 자연공부(그냥 노는 것)는 너무나 필요한 교육이며 우주를 공부하는 과정입니다.

인간이 만들어 놓은 교육의 경우를 봅시다.

인간이 만들어 놓은 교육은 앞에 보이는 사람을 볼 때, 자기가 서 있는 그 자리에서 그 사람의 앞만 보도록 유도하는 것입니다. 다시 말해서 그것은 수많은 직업 중에 하나를 택해서 다른 것은 생각을 하지 못하도록 하는 것입니다.

그렇게 해서 때가 되면 한 가지의 전문 직업을 갖도록 하는 교육인데, 요즘 어머니들은 성급함 때문에 너무 일찍 이것저것 닥치는 대로 교육시켜서 어린 시절의 작은 우주교육을 못하도록 합니다. 그래서 아이들을 정서적인 면이 부족한 인간으로 만들어 갑니다.

사람이 의식으로 배운 것은 지식이며 그 지식은 평생 뇌의 5% 정도를 사용합니다. 자연적인 공부는 무의식의 우주적인 공부라고 하는데 그것을 지혜공부라고 하며 지혜공부는 뇌의 95%를 차지한다고 합니다.

우리는 7세 미만 어린이들이 자유롭게 많이 놀면서 작은 우주의 경이로움을 발견하도록 해주어야 하지 않을까요?

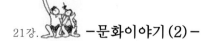

21강. **－문화이야기 (2) －**

동서양의 같은 생각

동양에서는 음양은 둘이고, 중앙에 내가 서 있고 사방으로 동서남
북이 합쳐 7이라는 숫자가 나오는데 이것을 음양오행(陰陽五行)이
라고 합니다. 서양에서는 성서의 내용 속에서 하나님은 삼위일체
이기 때문에 하늘은 3이며 땅에는 동서남북이 있어서 4로 하늘과
땅이 합쳐서 7이란 숫자를 아주 좋아합니다.

사람들은 모두 7이라는 숫자를 좋아합니다.

서양에는 기독교 국가가 많고 성서의 내용 속에서 하나님은
삼위일체이기 때문에 하늘은 3이며 완전한 숫자라 하여 좋아
하고, 땅에는 동서남북이 있어서 4라는 숫자를 두 번째로 좋아
하고, 하늘과 땅이 합쳐서 '7'의 숫자가 행운이 된다고 하며 7
이란 숫자를 아주 좋아합니다.

동양에서는 음양은 둘이고, 중앙(土)에 내가 서 있고 사방으
로 동서남북(木火金水)이 합쳐 5라는 숫자가 나오는데 이것을
음양오행(陰陽五行)이라고 합니다. 그것을 합치니 역시 7이며

그래서 동서양은 7이란 숫자에 맞추어 1주일을 단위로 달력을 만든 것 같습니다.

동양 사람이 생각하게 된 음과 양은 2개의 기(氣)에서 생긴 말입니다. 두 개의 반대현상으로 낮과 밤, 남자와 여자, 동과 정, 좌우 등이라고 하며 동양 사람이 생각하는 우주의 모든 현상은 태극에서 분리된 음과 양 2개의 기이기 때문에 음양의 동정에 의해 생성되고 소멸한다고 합니다. 그래서 음양은 어느 한쪽만으로는 발현시킬 수 없고 음양의 총화에 의해서만 생성된다고 생각했습니다.

음양(陰陽)—한 생명이 탄생되어 자라는 과정에서 아기, 아이, 아동, 청소년, 청년이란 이름으로 불리다가 성인으로 성장하여 반대의 이성을 만나 '사랑'을 하다가 두 남녀가 결혼하면 비로소 '사람'이 되고 두 사람은 직업을 가지고 열심히 일하며 살아가라는 뜻입니다.

한 쌍의 남녀가 하나(一)로 합쳐지면 바로 큰대(大)자가 됩니다. 일하면서 생활이 계속되면 大자 밑에 점이 하나 보이는데 그것을 콩태(太:혹은 클태)자라고 합니다. 콩이 하나로 보이지만 얇은 껍질을 벗기면 두 개로 갈라지고 그 사이에서 점 같은 작은 생명의 싹이 탄생하는 것입니다.
그래서 이것을 태극(太極)이라고 하는데 우리나라 태극기를

터키 인상 캔버스 유채 162.0×130.0 **서봉남**作

인간과 자연의 경이로움이 공존하는 터키, 터키는 인류의 역사와 문명이 압축된 땅, 히타이트, 프리지아, 우라타아, 리디아와 로마문명, 기독교와 이슬람, 유대교가 뿌리내린 종교의 성지, 동양과 서양을 잇는 가교이자 문화의 집합지역 터키, 새로운 문화를 꽃피운 땅, 실크로드를 오가던 길목, 유럽과 아시아의 경계가 되는 보스포러스 해협을 끼고 위치한 터키의 수도 이스탄불, 2천 년이 넘는 그 역사에 걸맞게 자연스럽게 양 문화와 상업의 교류지로서 역할을 다한 나라, 세계를 지배한 3대 강국이었던 로마가 지중해 일대를 장악해 장악한 지역의 중앙으로 수도를 옮긴 것이 비잔틴 동로마이다. 1,500년 후 오스만에 의해 동로마는 정복되고 오스만 제국의 수도이기도 했던 터키, 오늘까지도 도시 곳곳에 과거 번영의 흔적들을 보존하여 생생한 역사의 장이 되고 있다.
　(작품-이스탄불시내, 7대 불가사의인 아름다운 성소피아 교회, 터키의 종교적인 전통무용, 로마시대 유적들, 기독교 박해 카파도키아 등)

보면 동그라미 속에 빨강색(남)과 파랑색(여)으로 나뉘어져 있고 연결부분은 직선이 아닌 곡선으로 되어 있는데 그것을 살아있는 음양(陰陽)이라고 합니다.

오행(五行)－하늘에서 내려오는 물(水)이 땅을 적시며 물이 모여 아래로 흐르는 것의 위쪽을 북(北)방이라 하고, 해가 뜨는 동(東)쪽 따뜻한 기운으로 식물의 어린 싹이 자라서 큰 나무(木)가 되고, 나무끼리 마찰에 의해 불(火)이 됩니다.

불은 타오르는 성질이 있어서 남(南)방에 자리 잡고, 금(金)의 서늘한 기운으로 만물이 단단한 열매를 맺으므로 해가 지는 서(西)쪽에 배치하게 되었답니다.

나무가 타고 나면 재가 되어 흙(土)으로 변하고 그 흙을 바탕으로 자연만물이 생성하므로 중앙에 '토'를 두어 중재와 조절을 받아 오행의 균형이 이루어진다고 동양권의 자연철학에서 말합니다.

22강. −문화이야기 (3) −

민족성

지구 위의 모든 개인이나 가정, 국가는 지형, 기후, 생활방식, 문화
등의 영향 때문에 그들만이 갖게 된 특색이 생긴 것입니다.

  지구 각 지역에 흩어져서 사는 사람들은 그곳의 지형이
나 기후의 영향 때문에 생각이 달라져서 나름대로의 생활방식
이 생겨나고 그들대로의 문화가 발달합니다. 그래서 지구 위
의 모든 개인이나 가정, 국가는 특색이 생긴 것입니다.

  우리와 가까이 있는 이웃나라 일본과 중국을 우리나라와 비
교해 보겠습니다. 일본은 사방이 바다로 둘러싸여 있는 섬나
라로서 그 안에서 사는 사람들은 항상 같은 곳에 갇혀 있고 그
곳을 벗어날 수 없기 때문에 개인의 생활보다 단체로 뭉치지
않으면 불안해서 살아갈 수 없습니다.

그래서 그들은 지도자를 선정하여 한 사람에게 절대 충성하는
기질이 생겨납니다. 일본 사람들은 처음에는 왕을 선정했으나

왕은 같은 인간이기 때문에 그 왕을 천황이라는 신의 수준으로 격상시켜서 숭배의 대상이 되도록 하여 섬사람들을 하나로 단결시켜 왔습니다.

엄청나게 크고 넓은 땅 위에서 사는 중국 사람의 경우는 그 땅을 서로 더 차지하기 위해서 자신이 왕이 되어 전쟁을 일삼았습니다. 처음에는 넓은 땅만큼이나 끼리끼리 많은 파벌과 나라가 만들어졌고, 학파나 개인주의 성향이 강했습니다. 이러한 파벌과 작은 나라는 점차로 통합되어 갔고, 땅의 크기처럼 대범해지고 느긋한 여유의 마음이 생겼습니다.

우리 한국의 경우는 삼면이 바다로 둘러싸여 있고 한 면은 대륙으로 연결되는 반도에 위치하고 있기에, 절반은 섬사람들의 기질을 가지고 있고 절반은 대륙적인 기질을 가지고 있습니다.
일본의 섬사람들은 한쪽으로 집중하는 삶을 살기 때문에 개인이나 가정보다 먼저 나라를 생각하는 습성이 생겨났고 그것으로부터 집단적이고 전체적인 문화가 시작됩니다.

중국의 경우는 일본과는 반대로 모든 생각과 시야가 넓은 곳으로 퍼지기 때문에 커다란 것, 즉 자기 주장을 내세우거나 아니면 큰일을 도모하고자 합니다.

서울의 찬가 캔버스 유채 162.0×130.0 서봉남作

한국의 경우는 섬사람의 기질과 대륙적인 기질, 즉 양면 기질을 가지고 있는 장점이 있습니다.

일본은 하나로 집중하다보니 계속 축소가 되어 작은 것을 좋아하게 되었지만, 중국은 반대로 넓어지고 커지는 것을 좋아했습니다. 그러나 한국은 두 가지의 기질을 모두 가지다 보니 또한 두뇌가 더욱 좋아져서 세계적으로 우수한 사람이 많이 나왔고 나름대로의 융통성 있는 문화가 형성되었습니다.

성서를 통해 이스라엘 사람들의 생각과 생활상을 들여다보면 한국 사람과 비슷한 기질이 많은 것을 보게 됩니다. 살기가 좋아져서 평화로울 때는 단결이 안 되는 개인주의가 되고, 개인적으로나 국가가 어려울 때는 반성하며 단결이 잘 되는 것을 보게 됩니다.

서양의 알렉산더 대왕이 세계를 정복하기 위해 말을 타고 동아시아의 문턱인 인도 북부 간다라까지 왔으나 좌절되어 되돌아갔고, 동양의 칭기스칸도 서양 정복을 위해 말을 타고 달려갔으나 유럽의 문턱인 헝가리에서 좌절되었습니다.

그런데 여러분 놀라지 마시라!
동양의 작은 나라 대한민국에서는 싸이라는 가수가 가짜 말을 타고(강남스타일의 말 춤) 세계를 정복했으니 말입니다!

의식주

사람이 살아가는 데 필수적인 3대 요소는 "무엇을 걸칠까, 무엇 먹을까, 어디서 잘까"하는 생각이었습니다.

세상의 모든 것에는 삼대 요소 즉, 삼위일체라는 것이 있습니다. 교회에서는 성부, 성자, 성령이라든지 과학이나 수학, 예술 등 모든 분야에 삼위일체가 있는데, 우리가 이 땅 위에서 살아가는 기본이 되는 생존의 과제에도 삼위일체가 있다고 생각합니다.

사람이 살아가는데 가장 큰 문제는 먹는 것입니다.
성경에서 예수님이 산상보훈에서 "무엇을 먹을까, 무엇을 마실까, 무엇을 입을까 염려하지 말라"고 하셨습니다.

그래서 서양의 유목민들은 식음의(食飲衣)를 생존의 의미로 생각하였습니다.
먹는 문제가 해결돼야 문화 활동, 그리고 인간의 다른 성취욕이 일어난다는 생각을 하였습니다. 그러나 동양의 농경사회에서는 생존의 문제는 의식주(衣食住)라고 생각했습니다. 사람은 먹는 문제보다 앞서 외형적인 옷이 더 우선이라는 생각을 했나 봅니다.

의식주, 이 세 가지 중에 첫 번째가 '衣'이고 두 번째는 '食'이며 세 번째가 '住'입니다. 옛날 누군가가 순서를 너무나 완벽하게 잘 정한 것을 보면 놀랍습니다.

하루 24시간 중에 '의'는 한 시간을 뜻합니다. 내가 나 외에 누군가와 만나려면 제일 먼저 해야 하는 것이 '의'입니다. 상대방을 위해 옷으로 몸을 가리고 만나야 하는 첫 번째 준비이며 두 번째는 '식'으로서 일곱 시간을 이야기합니다. 하루에 세 번의 음식을 먹어야 인간이 살아갈 수 있기 때문입니다.

세 번째 '주'는 16시간이라 할 수 있습니다.

하루 16시간을 육체활동하면 나머지 8시간을 잠으로 마감하는 것입니다.

24시간은 우리 인간에게 주어진 하루의 시간입니다.

그래서 하루는 우리 인간이 이 땅 위에서 살아가는 생활(삶)의 최소 단위라고 할 수 있습니다. 하루하루를 최선을 다해 살아가는 것이 우리 인간의 임무이며 성경에서 예수님이 우리에게 가르쳐 준 주기도문에서도 '일용할 양식'은 하루하루를 생각하며 살아가라는 뜻입니다.

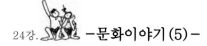 **- 문화이야기 (5) -**

명절

지구 위의 어느 민족이든지 옛날부터 가족사회로 내려오면서 단합
을 기준으로 명절의 형태를 구성하고 있는 것입니다.

동방, 특히 우리나라는 옛날부터 농사를 짓고 사는 민족이었
습니다. 농사를 지을 때 태양보다 달이 농사짓는 데 더 알맞았
습니다. 그러나 달밤에는 어두워서 멀리는 잘 안 보이고 가까
이만 잘 보였기 때문에 자녀들에게 먼 곳은 알 수 없고 위험하
니 '가지 말라' 또는 '하지 말라'고 교육합니다.

그것은 밖으로의 발산(發散)형이 아니라 안으로 돌아오라는
집중(集中)형이었습니다. 그래서 우리나라의 명절은 가족 집
중형 형태로 구성되어 있는 것을 알 수 있습니다.

예를 들어서 추석명절을 보겠습니다. 명절 전날부터 음식을
준비하기 시작하는데 할아버지, 할머니, 아들, 손자, 손녀들은
방 안에서 송편을 빚고, 어머니, 딸, 며느리들 모든 여인들은 부
엌에서 음식을 만듭니다. 추석 음식의 대표적인 것으로 송편

이나 부침 음식을 주로 만드는데 그 음식들은 손이 많이 가는 음식들입니다. 그것은 아마도 온 가족이 둘러앉아서 오순도순 이야기하기 좋은 기회를 주기 위해 일부러 그렇게 했던 것 같습니다.

가족들은 그동안 따로따로 헤어져서 살아왔기 때문에 오랜만에 만나서 그동안 궁금했던 소식들을 이때에야 모두 알 수 있고, 서로의 안부를 전할 수 있습니다.
그렇기 때문에 간단한 음식도 많지만 우리 조상들은 일부러 손이 많이 가는 복잡한 음식을 택했는지 모릅니다.
음식을 만드는 동안 화기애애하게 가족들의 결속을 보여주고, 그렇게 해서 만들어진 음식을 동그란 원탁의 밥상에 올려놓고 둘러앉아 얼굴 보며 이야기하면서 음식을 먹습니다.

식사 시간이 끝나면 밥상을 모두 치운 다음 온 가족이 방 안에 둘러앉아서 윷놀이를 합니다. 이 놀이 또한 온 가족이 함께 할 수 있는 놀이로서 가족을 하나로 묶는 역할을 합니다.
방 안에서의 가족 놀이가 끝나면 마을에서의 전체 놀이가 시작됩니다.

넓은 앞마당에는 마을 사람들이 모여들어 풍물놀이가 시작됩니다. 풍물놀이의 악기를 설명하자면 꽹과리는 아버지 역할이고, 장구는 어머니입니다. 큰북은 아들이고, 소고는 딸들이며, 징은 할아버지라고 할 수 있습니다. 이처럼 가족의 형태를 지닌 놀이 속에는 이웃집 할머니와 마을 어른들, 지나가는 스님도 끼고 거지를 비롯하여 사냥 갔다 오던 포수까지도 참여합니다. 귀여운 손녀는 삼촌 어깨 위에 무등 타고 춤을 추기도 합니다.

우리나라의 명절은 옛날부터 가족사회로 내려와서 모든 것에서 개인이 아닌 가족의 형태를 구성하고 있는 것입니다. 그래서 모든 물건이나 생각이나 놀이에도 동그라미를 그리는 민족입니다.

집 안의 물건들을 보면 동그라미가 많습니다. 밥상을 비롯하여 풍물놀이에서도 아버지 역할인 꽹과리 모자 위에는 수탉의 꼬리를 빙글빙글 돌리고 강강수월래 등 그 외의 모든 놀이 동작들은 동그란 원을 그립니다.

조화(調和)

모든 것은 서로 조화를 이룰 때 안정감을 주며 우리는 그것을 '아름답다' 라고 말합니다.

모든 것은 서로 조화(調和)를 이룰 때 안정감을 주며 우리는 그것을 '아름답다' 라고 말합니다. 그림을 그릴 때에도 조화가 중요합니다. 만약 정물을 그릴 때 여러 가지 물건이 짜임새 있게 배치되어야 하고, 풍경을 그릴 때에도 생명체인 자연과 무(無)생명체인 과학이 조화를 이뤄야 하듯이 사람 개인에게도 조화가 있습니다.

우리의 몸에는 여러 가지 지체가 있습니다.
눈이 하는 일, 손이 하는 일, 발이 하는 일 등 각 지체가 하는 일이 따로따로 있습니다. 자기가 맡은 일을 충실히 할 때 우리는 조화롭다고 말합니다.
한 분야에서 맡은 일을 할 수 없이 망가졌을 때를 우리는 '장애' 라고 말합니다. 가정에서의 조화 역시 같지요.

아버지가 하는 일, 어머니가 하는 일, 아들 딸 등 모든 가족이 각자 자기 할 일이 따로 있어서 자기 일에 충실하면 가정도 조화롭다고 합니다.

그러나 현재 우리나라의 조화는 어떻습니까? 조화가 잘 안되고 있습니다. 그것은 왜일까요? 가정의 조화에서부터 잘못되고 있기 때문입니다.

어린 시절부터 자기가 할 수 있는 일을 스스로 배우고 깨우쳐서 그가 하는 일이 적성에 맞아서 본격적인 작업에 임하여 사회에 진출하고, 자기가 하는 일에서 만족하고 충실하면 사회는 자연적으로 조화롭게 잘 돌아가는 것인데, 지금의 사회는 자기 일보다도 옆에 있는 남의 일에 관심이 더 많고 남의 일에 관여하는 것이 문제인 것입니다.

외국 사람이 한국에 들어와서 보고 들은 것을 표현할 때 '한국 사람들은 모든 국민이 정치인 같다'라고 말한답니다.

친구들과 대화를 할 때 자기가 하는 전문 일에 대해서 자주 대화를 나누면 서로 발전하고 새로운 아이디어가 떠올라서 자기 일에 성장과 만족이 오는 것인데, 그런 대화가 아니라 모두가 정치인이 된 것처럼 남의 일에 관심을 가지고 관여한다는 것입니다.

그래서 모든 국민이 정치 얘기만 하다 보니 정치에 관심이 쏠리고 정치인이 하는 일을 일거수일투족 알게 되고 자기가 하

하회마을 인상 캔버스 유채 53.0×45.5 **서봉남作**

는 일과 비교되어 자기 하는 일이 재미가 없어져서 곧 타락한다는 것입니다. 그래서 사회는 조화를 잃고 마는 것입니다.

　건강한 사회가 조화를 이루려면 자기 육체 전체가 건강하도록 관리해야 하듯이, 가정에서는 자기 일을 충실히 할 수 있는 여건을 만들어주고, 사회에서는 자기 맡은 일에만 충실한다면 본인은 물론이고 나아가서는 가정과 사회 전체의 조화가 이루어질 것입니다.

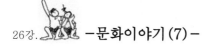

삶

삶을 국어사전에서 찾아보면 '살아가는 것' 이라고 적혀 있습니다.

우리 한글의 '사람' 이란 말은 '사랑' 이란 의미에서 생긴 말입니다. '사랑' 이란 말을 보면 '랑' 자에 바퀴가 달려있어서 불안하지만 결혼하여 안정을 찾으면 사람이 됩니다.

'사람' 의 '람' 자는 안정감을 주고 있잖습니까. 그리고 '사람' 두 글자를 하나로 합쳐보면 '삶' 이란 말이 됩니다. '삶' 이란 글자를 국어사전에서 찾아보면 '살아가는 것' 이라고 적혀 있습니다.

서양의 유목민들이 생각하는 삶은 하루입니다. 오늘 양 떼를 먹이기 위해 초록색 초장으로 돌아다닙니다. 그것으로 하루의 일이 끝납니다. 내일 일은 내일 걱정해도 되는 것입니다.

성서에서 보면 예수님이 가르쳐준 '주기도문' 에서 하루하루의 일용할 양식 이야기가 나옵니다. 오늘 하루 일을 열심히 하면 내일 일은 또 하나님이 지켜주신다는 내용입니다. 그래서 그들에게서는 모든 것은 한 개씩만 있으면 되고, 입을 옷도 한 벌만 있으면 만족해 합니다.

그러나 동양권의 농경사회는 다르지요. 동양의 경우는 농사를 지으려니 태양보다도 달을 더욱 좋아합니다. 음력이 농사짓는 데 잘 맞아서입니다. 그러니까 모든 계획은 일 년을 기준으로 살아갑니다. 먹을 양식을 준비하는 데도 봄에 씨를 뿌려 여름 동안 키우고 가을이 되면 추수하고 겨울에는 쉽니다. 그래서 일 년 먹을 것을 준비합니다. 입을 옷도 봄에 입을 옷, 여름에 입을 옷, 가을에 입을 옷, 추운 겨울에 입을 옷 등 일 년 입을 것을 준비합니다.

그래서 동양 사람은 살아가는 과정에서 일 년씩을 계획하면서 살아가는 것을 정상으로 여기며 살아왔습니다.

마이산의 신비 캔버스 유채 72.7×60.6 **서봉남作** ▶

서봉남이 두 개의 시각을 가지고 있음을 잘 보여주는 작품이다. 그 두 개의 시각이란 마치 카메라의 이중 초점 렌즈를 통해 찍은 사진처럼 서로 다른 두 시점이 한 화면에 공존하는 것을 말한다. 이러한 기각은 실제의 풍경과 심상의 풍경을 조합하여 몽타주한 화면에서 나타난다. 여기에서 실제의 화면조차도 그 자체로서 풍경화라고 부를 수는 없는 추상화된 형체―이를테면 심상의 풍경에 가깝고, 그것들은 서봉남이 마음속에 미리 구획 지워진 면적을 임의로 치지하여 심상의 풍경을 보조하고 있는 것이다. 또 하나의 시각은 마음속의 풍경이 자연물의 형체를 빌어 가을이라는 계절 꽃으로 나타나되 딴 실제 풍경의 이미지를 압도하는 크기로 표현되는 것이며, 바람에 따라 흩날리는 구름 속에서 마치 구름의 아이들처럼 질주하는 어린아이들, 그리고 자연구조물을 표방하되 보기에 따라 성적性的인 이미지를 풍기는 형체로 표현되고 있다.

요즘은 어떻지요?

요즘 사람들은 너무 욕심이 많아져서 일 년이 아닌 평생 또는 자손만대까지 살아갈 계획을 세우다 보니 무리가 되어서 싸움도 하게 되고, 시기 질투 등 문제가 많아지고 있습니다.

어떤 사람은 몇 년 계획을 하고 먹을 것 안 먹고 절약하여 많은 돈을 모읍니다. 그 사람은 절약하며 고생해서라도 돈을 많이 모은 다음 평안하고 행복하게 살겠다는 생각이었는데, 그 목표가 달성되었을 때는 이미 영양실조에 걸려서 몸이 쇠약해질 대로 쇠약해져서 결국 그 돈을 써보지도 못하고 죽은 사람을 봅니다.

어떤 작은 모임에서도 1년 일하려던 계획에서 일을 축소하고 절약한 돈을 저축하였고, 그로 인해 그 모임은 재정이 많아졌습니다. 그러나 그 단체는 부자가 되어서 더 큰일을 많이 하고 잘될 것 같았지만 그 후 많은 재정 때문에 처음 순수했던 모임이 파벌과 싸움으로 일관되어 결국 깨어졌습니다. 그것은 바로 욕심 때문이었습니다.

어느 나라나 똑같듯이 우리나라도 모든 국가 예산을 1년 단위로 계획합니다. ○에서 시작하여 국민들에게 세금을 거두어 1년 살림을 잘하고 연말에는 ○으로 끝내는 일을 계속하는 것입니다.

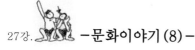

27강. **-문화이야기 (8) -**

문화유산

자연과 사람들이 어울려서 살고 있던 땅 위에는 그 시대 사람들의
생활과 모습들을 보게 됩니다. 정치 경제 문화 등 여러 분야로 평화
로울 때와 또는 공포정치 때의 문화는 후대에 남아서 다 같이 그대
로 문화유산으로 꽃을 피우는 것입니다.

다른 나라를 여행하게 되면 두 가지를 보게 됩니다. 우리
나라에 없는 여러 가지 자연과 물건들에서 오묘함에 감탄하기
도 하고, 어느 지역에서는 웅장한 스케일에 감탄하기도 하고
어느 지역에서는 작고 아기자기한 아름다움을 발견하기도 하
며, 그 자연과 어울려서 살고 있는 사람들의 생활과 모습들을
보게 됩니다.

두 번째로 보게 되는 것은 그 땅에서 살고 있는 사람들의 생
각과 풍습들입니다. 인간의 생각과 힘으로 어떻게 이렇게 거
창한 건물을 지을 수 있었을까 하는 의아심을 주는 문화유산
을 발견한다든지 사람의 손으로 어떻게 이렇게 놀랍도록 작은
물건을 만들었을까 하는 문화들을 보게 됩니다. 문화는 그 시

대의 사람들이 어떤 생각을 하였고 '어떤 사람이 리더를 했느냐' 에서 발생하며 또 달라지기도 합니다.

예를 들자면, 그 당시에 인자하고 덕을 가진 우두머리가 정치를 하였다면 국민들은 평화롭고 자유롭게 잘 살게 됩니다.

태평성대를 누렸을 때는 모든 문화가 개인적인 것으로 발달합니다. 아름다운 음악이 흘러나온다든지, 재미있는 문학이 나온다든지, 아름다운 그림들이 생겨나서 집 안을 장식하며 즐기는 것입니다. 이 시대의 우두머리는 온 국민들로 하여금 칭송을 받습니다.

그러나 또 다른 시대에 욕심 많고 포악한 우두머리가 나타났을 때는 문화의 상황이 달라집니다. 그 우두머리는 종교적인 것과 또는 개인적인 것을 만들기 위해 수많은 국민들을 동원하여 건축물들을 만듭니다. 점점 욕심이 커져서 수많은 사람을 강제 동원하여 확장 또 확장하여 거대한 건물이 완성 또는 미완성으로 남게 되는 경우를 볼 수 있습니다. 이때의 우두머리는 국민들의 원성과 반란으로 최후에는 무서운 벌을 받는 수모를 겪게 됩니다.

그 후 세월이 흘러 백 년쯤 지난 다음에는 상황이 바뀝니다.
백 년 전에는 수십 만, 아니 수백 만의 사람들을 희생시켜서 만들어 놓은 건축물이나 다른 물건들이 국가의 귀한 보물이 되어 있는 것입니다. 그것들은 내용 면에서는 나쁜 우두머리 이야기가 나오지만 문화적인 면에서는 모든 사람들을 감탄하게 합니다. "사람의 힘으로 어떻게 저 거대한 것을 만들 수 있을까?" 라고 말입니다.

 전자의 개인적인 문화는 가정으로 스며들어서 개인의 보물로 묻혀 있지만, 후자의 문화는 많은 사람들의 희생의 대가로 만들어진 보물이기 때문에 그것을 보기 위해 세계의 사람들이 모여들어 그 후손들은 문화 관광 수입으로 보상을 받는 것입니다. 그래서 전자(평화로울 때)나 후자(공포정치 때)의 문화는 후대에 남아서 다 같이 문화유산으로 꽃을 피우는 것입니다.

체코 프라하 인상 캔버스 유채 116.7×91.0 **서봉남作**

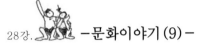

순수 한국인 찾기

아마 30년 후가 되면 아마 저나 여러분들은 모두 짐을 싸들고 민속촌에 들어가서 살아야 될지 모릅니다.

지금 저는 **우리의 미래**에 대한 강의를 할까 합니다.

여러분! 혹시 자신의 30년 후를 생각해 보신 분 계시나요?
역시 없으시군요. 30년 후가 되면 아마 저나 여러분들은 모두
짐을 싸들고 민속촌에 들어가서 살아야 될지 모릅니다.

무슨 얘기냐구요?

현재 우리나라는 전국의 아기들부터 청소년 청년 중년 장년
까지 80%가 서울과 경기도에 몰려와서 살고 있답니다.

우리나라 지도를 펼쳐보면,
예를 들어서 우리나라가 손바닥만하다면 경기도는 손톱크기

정도입니다.

우리의 80% 인구가 손톱크기의 작은 땅에 몰려 있다는 것인데 그것도 중심지에 있는 것이 아니라 맨 위쪽에 있어서 아래쪽인 90% 이상 되는 옥토 땅에는 할머니 할아버지인 어르신들만 넓은 땅을 지키며 살고 있습니다.

우리 모두 미국으로 여행 한번 가볼까요?

미국 동쪽 옥토 땅에는 우리와 같은 엉덩이에 몽골반점이 있는 인디언이 오랫동안 터를 잡고 살고 있었습니다.

어느 날 영국인들이 이 땅에 들어왔고 이어서 스페인 프랑스 독일 네덜란드 등 유럽의 여러 나라들이 몰려와 인디언들을 멸종시키고 그 옥토 땅을 차지했습니다.

그들은 농사를 지으려니 사람이 부족해서 아프리카의 흑인들을 데려와 노예로 삼고 농사를 지었습니다. 풍년이 들어 좋은 곡식을 추수한 영국인은 영국으로, 프랑스인은 프랑스로, 독일인은 독일로 각자 자기들 나라로 보내다가 가만히 생각해보니 내가 이 땅을 정복하고 험한 싸움과 노력 끝에 땅 차지하고 고생해서 나의 노력으로 농사지었는데 '내가 본국에 곡식을 줄 필요가 있을까' 라고 생각하다가 서로가 단합하여 미국이란 나라를 독립하였습니다.

독립한 미국은 먼저 유럽 각국의 언어 사용하는 것을 통일하기 위해 국민 투표를 실시했는데 1등이 영어였답니다.

여러분 혹시 영국어가 1등 독일어가 2등이었는데 몇 표 차이로 이겼을까요? 놀라지 마세요. 단 1표 차이로 이겼답니다.

미국은 넓은 옥토 땅 동쪽을 차지하여 안정이 되니까 서쪽으로 눈을 돌렸습니다. 그곳은 사막 땅이어서 일할 사람이 필요했습니다.

미국은 우선 돈을 만들었는데 1달러에는 독립의 아버지라 불리는 워싱턴 얼굴, 2달러에는 독립 선언문을 쓴 제퍼슨, 5달러엔 링컨 대통령 얼굴을 넣어 돈을 만들고 그 돈으로 황색 얼굴인 중국에서 일꾼을 사와서 길을 닦고 철도를 놓았습니다.

그런데 미국인은 서쪽의 인디언은 도저히 멸종을 시킬 수가 없었습니다. 지형이 워낙 나빠서 계곡에 숨어버리는 인디언을 어떻게 할 길이 없었습니다. 하는 수 없이 그곳을 국립공원으로 지정하고 마이크로 소리쳤습니다. "절대로 안 죽일 터이니 나와라! 너희들이 살고 싶은 대로 땅을 주고 자유롭게 살게 해주겠다!"

이리하여 인디언 자치구인 민속촌이 탄생되었고 그곳의 인디언은 아이가 태어나서 죽는 날까지 일을 하던 안하던 평생 월급을 주게 되었습니다.

이로 인해 미국은 60여 개 나라의 다문화국가가 되었습니다.

자! 우리 한국으로 다시 되돌아갑시다.

한국 땅엔 어르신들만 빼고 몽땅 경기도에 몰려서 학연 지연

미국인상 캔버스 유채 162.0×130.0 **서봉남作**

세계에서 가장 역동적인 나라 미국, 웅장하고 스케일이 큰 자연환경 투명한 햇빛이 쏟아지는 아름다운 꿈의 땅, 세계에서 네 번째로 큰 나라이 거대한 땅을 2백 년도 안 돼 차지하고 세계에서 모여든 다양한 인종과 민족들의 새로운 보금자리, 그러니까 이민국의 나라 미국, 아메리카합중국인 미국은 50개의 나라가 모여 이루어진 연합국이다.1620년 영국에서 박해받던 청교도들이 신천지를 찾아 거대한 땅 매사추세츠의 폴리머스에 도착하여 터전을 이루기 시작했고 이어서 세계의 이민자들이 모여들어 조지 워싱턴을 초대 대통령으로 추대하면서 미국이라는나라가 탄생되었다. 나라가 생긴 지 230년 만에 세계유일의 초강국이된 미국, 무한한 가능성의 나라 자유와 평등, 기회의 나라가 되었다.
(작품—미국정치의 중심지 워싱턴 에이브라함 링컨, 세계경제의 중심지뉴욕 자유의 여신상, 아름다운 샌프란시스코, 웅장한 자연의 보고 요세미티와 그랜드캐니언, 성조기 등)

혈연으로 갈라놓고 아귀다툼하면서 그것도 모든 일을 수직으로 세워놓고 경쟁을 붙이고 1명부터 5,000만 명을 순서로 만들었습니다. 과학의 힘으로 여자 숫자가 적어지고 남자가 많으니 결혼 적령기에 있는 청년들은 경쟁에서 탈락하여 고향으로 내려가서 어르신들과 생활을 하다 보니 결혼할 신부가 없어서 외국인 여성들과 결혼을 하였습니다.

사람은 남녀가 만나 일생을 살아가면서 평균 10명의 자녀를 낳을 수 있다고 합니다. 그러나 경기도에 몰려있는 우리의 젊은이들은 일평생 1~2명의 자녀를 두는데 그것도 10대 청소년들이 하루에 몇 십 명씩 자살한다는 것을 여러분들도 언론 보도에서 보았을 것입니다.

우리의 후손들의 인구는 급속도로 줄어들어가고 있고 농촌에서 사는 어르신들이 돌아가시면 다문화 가족들만 남게 되고 그들은 보통 한 가정에 10명의 자녀를 낳을 것입니다.

중동의 이스라엘 사람들은 천 년 동안 나라 없이 세계를 떠돌아 살면서 터득한 것으로 남성우월 민족에서 모계사회로 변형되었답니다.

예를 들자면 남자가 이스라엘 사람이고 여자가 영국 사람이면 그 사이에 태어난 아이는 영국인이고, 여자가 이스라엘 사람이고 남자가 영국인이라면 그 사이에 태어난 아이는 이스라엘 사람이라고 한답니다.

이제는 핏줄이 아닌 엄마의 정신교육이 중요하다는 것을 알
게 된 것이지요. 세상이 달라졌지요. 그래서 종족을 보전하는
것은 여자임을 아실 것입니다.

미국은 독립하고 100년이 넘어서 인디언 보호구역이 생겼으
나 현재는 시간의 속도가 빨라져서 지금부터 30년 후가 되면
모든 것은 투표로 결정하는 시대여서 우리나라의 정치인은 다
문화로 바뀔 것이며 그때는 '멸종되어가는 인종을 보호하자'
라는 취지아래 순종 한국인을 찾아서 모두 민속촌으로 보낼
것입니다.

자! 우리도 일 안하고 평생을 국가에서 먹여주고 재워주고 할
것입니다.

생각해 봅시다.
민속촌으로 가는것이 좋을까요?

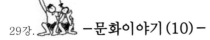

29강. **-문화이야기 (10) -**

한국의 미래를 위해서

지구 위에는 60억의 사람이 살고 있고 동방의 작은 우리나라는 지난 5천 년 동안 살아오면서 현재 7천 5백만의 사람으로 불어났습니다. 그동안 못 먹고 어렵게 살아왔지만 현재 우리는 잘 먹고 잘사는 나라가 되었습니다. 우리는 복되고 행복한 세상에서 살고 있습니다. "그런데 이상하지요?" 지구 위의 사람들 중에 행복지수는 꼴찌라는 것이...

우주에는 무수한 **별**들이 있는데 그것들은 불, 물, 광물로 되어있습니다.

그런데 그 많은 별들 중 한 개는 지구인데 지구는 한 가지로 되어 있는 것이 아니라 여러 가지로 되어 있습니다.

지구는 먼저 물로 싸여있고 그 밑에는 허공(궁창)이 있고 그 밑에 물과 땅(뭍)이 있고 또 그 속에는 불덩어리가 있습니다.

우리 사람은 두 번째 공간인 허공 속에서 식물과 동물들과 같이 살고 있는 것입니다. 지구 밖에서는 태양이 빛을 비추는데 지구는 돌면서 골고루 빛을 받아들입니다.

지구에는 오존층이 있어서 유해한 물질을 차단하면서 무해

한 좋은 것만 속으로 받아들여서 우리는 숨을 쉬며 살고 있는 것입니다. 옛날부터 유교에서 '무릉도원'이라고 하는 세상, 불교에서 '극락'이라 하는 세상, 기독교에서 '에덴동산'이라 고 하는 세상은 현세와는 다른 세상을 말하는 것 같은데, 저의 생각에는 그것은 지구를 말하는 것 같습니다.

현재 지구 위에는 60억의 사람이 살고 있고 동방의 작은 우리 나라는 지난 5천 년 동안 살아오면서 현재 7천 5백만의 사람으로 불어났습니다. 우리의 과거 역사를 보면 5천 년 동안 못 먹고 어렵게 살아왔지만 현재 우리는 제일 잘 먹고 잘사는 나라가 되었습니다.

아마 여러분도 인정하실 것입니다. 우리는 복되고 행복한 세상에서 살고 있습니다.

"그런데 이상하지요?"

지구 위의 사람들 중에 행복지수는 꼴찌라는 것, 그것은 자신을 보는 것이 아니라 옆을 보니 남보다 내가 더 작게 가졌다는 것을 보기 때문입니다.

우리나라나 외국에도 유명한 사람이 많지만 우리나라 이야기 하겠습니다.

혹시 여러분 중에 '세브란스 병원'을 모르시는 분은 없겠지요? 아마도 우리나라 사람이라면 세브란스를 모르는 사람이 없을 것입니다. 각 지방에도 그 병원이 들어섰기 때문에...

축제 캔버스 유채 91.0×72.7 **서봉남作**

그런데 '세브란스'의 뜻을 아는 사람은 드물 것입니다. '세브 란스'는 사람의 이름입니다. 그 사람은 미국 사람인데 직업은 나무꾼(숲 속에서 나무를 잘라 마을에 내려와 파는)이었습니 다.

그는 어느 날 교회에서 예배를 마치고 나오면서 벽보를 보게 되었습니다. 어느 선교사의 보고회였습니다. 그는 산속에서만 사는 사람이었기에 궁금하여 무슨 보고인가 생각하며 보고회 를 들었습니다.

지금 TV에서 아프리카나 다른 나라에 기근이 나고 또는 전쟁 난민들의 어려운 사람들을 돕자는 화면을 보고 계시듯, 이 선교사도 한국의 어려운 장면 사진을 보여주며 보고하였습니다. 이 나무꾼은 선교사에게 무엇을 도와주면 좋겠냐고 물으니 지금 많은 환자들에게 진료할 수 있는 집이 필요하다고 해서 세브란스는 그 집을 자기가 지어 주겠다고 약속하여 지금의 서울역 앞에 방 두 칸짜리 집을 지어주었는데 그것이 '세브란스 병원'의 이름이 되었습니다.

그 건물을 지은 지 120년쯤 되었는데 아마도 우리나라가 없어지지 않는 한 그 이름은 영원히 남을 것입니다.

이제 우리도 잘 먹고 잘살고 있으니까 세브란스와 같은 생각을 하여야 하지 않을까요. 이웃을 위해 봉사한다는 것은 사는 보람이며 행복을 주는 일이기 때문이라는 것입니다.

저도 40년 전부터 이런 생각을 하며 나의 직업으로 도울 수 있는 일들이 없을까를 생각했습니다. 그래서 1년 동안 제작한 작품 중에 10~20퍼센트를 남을 위해서 사용했습니다.(그 내용은 저의 작품집 맨 끝 페이지에 '재능기부'난에 적혀 있습니다.)

이제 12월의 마지막 주 일요일인 오늘을 감사하며 새해에는 우리도 뭔가 보람 있는 생각을 가지면 좋지 않을까요.

30강. −문화이야기 (11) −

음양(陰陽)

동방에서 반쪽씩 발전하여 요철(凹凸), 서방에서도 반쪽씩 발전하여 볼트 너트.

지구 위의 모든 생명체가 태어나는 것들은 하나, 즉 혼자 태어납니다.

한 배에 둘이 태어난 쌍둥이도 전혀 다른 자기 혼자일 뿐입니다. 지금 저의 앞에 계시는 여러분들은 지구 위에 혼자 앉아있는 것입니다. 사람이 이 세상에 태어나서 일평생 살아가는 중에 아주 짧은 기간을 천사로 살아가다 비로소 사람이 됩니다.

예를 들자면 저의 아버님 세대에는 천사 기간이 18세 미만이라 했고, 저의 세대는 7세 미만이라고 했는데 저의 자식세대는 천사의 기간이 2년으로 줄었습니다. 그것은 천사 기간에는 하나로 태어났기에 모든 사물을 입체적으로 본다는 것입니다. 그때는 원초적인 시각으로 사람을 보며 앞뒤와 위에서 아래로 아래에서 위로 보인다는 것입니다. 여러분들도 자신의 어린시절로 돌아가서 생각해 보십시오. 이해가 될 것입니다.

그런데 억울하게도... 세상 사람들이 하나인 나를 반쪽으로 만들어 놓습니다.

원초적인 것이 아닌 사람의 생각으로 만들어 놓은 교육이 "이제부터 너는 자신이 서 있는 위치에서 한 방향만 사물을 보아라." 라고 합니다. 앞은 보지만 뒤편, 옆면 위아래는 볼 필요 없다고 합니다. 지금 여러분은 등받이 의자에 앉아 있습니다. 사람의 눈은 앞 절반만 보이니까 뒤편이 위험하여 등받이가 있는 것입니다. 눈에 보이는 것만 아니라 모든 생각도 그렇게 만든 것입니다.

동방에서 태어난 우리는 반쪽이 발전하여 요철(凹凸)이란 것을 발견하게 됩니다. 요철은 4방향 중 한쪽 방향만 모양이 다르다는 것입니다. 그래서 자기의 반대 모양을 찾는 것을 음양(陰陽)이라고 합니다. 남자가 있으면 여자가 있어야 하고 빛의 반대는 어두움, 동(動)의 반대는 정(靜), 찬성과 반대, 모든 사물과 생각이 둘로 되어 있는 것을 모두 음양이라고 합니다. 동양권에서는 음양으로 인해 철학이 시작된 것 같습니다.

우리의 지구 반대 방향에 사는 서양 사람들도 우리의 생각과 같았는지 '볼트 너트'를 발견했습니다.

그것이 그들에겐 과학의 시작이 되었습니다.

미국에 핸리 포드라는 사람이 있었습니다. 그의 머릿속에선 사람들이 저렴한 가격으로 모두 자동차를 탈 수 없을까를 생각하며 구상을 했는데 그림 그리는 재주가 없어서 생각을 표현할 수가 없었습니다. 그때 어린 시절 친구가 생각났습니다. 그 친구는 그림을 선천적으로 잘 그렸습니다. 포드는 그 친구를 찾았고 친구에게 자기의 생각을 말하면 그는 척척 시각적인 그림으로 그려냈습니다. 이렇게 해서 유명한 〈포드 자동차회사〉가 탄생했습니다. 포드는 사장이 되었고 그 친구는 공장장이 되었습니다.

어느 날 신문기자가 인터뷰하러 왔습니다. 직원은 "공장장을 찾았으나 아직 출근을 안 했습니다. 공장장님은 걸어서 출근하시니까 조금 늦는다" 라고 말해주었습니다.

공장장이 도착했을 때 기자의 첫 질문은 "많은 자동차를 두고 왜 걸어서 출근하십니까?"

질문을 던지자 말이 시작되었습니다.

중국 인상 캔버스 유채 116.7×91.0 **서봉남作** ▶

태산이 높다하되 하늘 아래......중국 황제들이 취임하는 날 올라와서 첫 제사를 드렸다는 태산을 비롯하여 춘추시대 노나라에서 태어난 유교창시자 공자를 비롯 화려했던 옛 황실의 숨결이 꿈틀대는 곳, 천하제일의 경관과 대륙의 기질들이 세계를 향한 거대한 문을 연 중국, 56개의 민족 13억의 인구, 전 세계의 5분의 1이 모여 사는 광활한 땅, 50만 년 전에 북경 원주민이 살던 자리에 5천 년에 걸쳐 중국역대 왕조의 도읍지 북경의 자금성, 5천 년의 역사를 가진 베이징 도시 전체가 박물관, 달에서도 보인다는 만리장성, 아름답고 웅장한 산, 태산 황산 장가계 등 아름다운 자연과 엄청난 문화, 중국 대륙을 통일한 진시 황제 능 등이 중국 반만년 보고들이다.

자동차는 약 2만 개의 볼트 너트 부속품으로 철사처럼 가느다란 것부터 커다란 쇳덩이까지 연결되어 큰 자동차가 움직이며 자신은 모든 구조를 훤히 알기 때문에 철사처럼 가느다란 부분이 언제 끊어질지 몰라 무서워서 차를 못 탄다는 것이었습니다.

예를 하나 더 들겠습니다.
우리의 태권도를 생각해 봅시다. 태권도는 급(級)으로 시작해서 단(段)까지 있습니다. 단이 높은 사람은 함부로 시합을 하거나 사람들과 싸우지 않습니다. 단수가 깊이 들어가면 싸우는 것이 무섭답니다. 그것은 사람의 인체 즉, 급소를 모두 알기 때문에 싸우다 실수로 급소를 맞추면 사람이 죽기 때문이랍니다. 이렇게 모든 것에서 도(道)을 넘으면 겸손해지고 무섭기도 하기 때문입니다.

반쪽사람 남녀가 만나서 사랑(人)하고 결혼하면 하나가 되는데 둘에서 하나로 합쳐졌다는 뜻으로 대(大)라고 하며 이것을 음양이라고 합니다. 콩 껍질을 벗겨보면 똑같은 모양으로 반이 나뉘어져 있는데 그 사이에 새로운 생명이 탄생하는 것을 콩(太)이라고 합니다. 콩 사이는 곡선으로 휘어져 있어서 이것을 태극(太極)이라고도 하지요.
동양권에서는 음양론이 강해서 파벌(派閥)이 많습니다.
우리나라의 경우 3연 즉, 혈연, 지연, 학연으로 편이 갈라져

단일민족끼리 온통 싸움을 합니다.

저가 화가이니 미술이야기를 하지요.

동양권에서는 그림을 동양화라고 합니다. 모든 재료를 자연에 있는 식물성과 동물성 재료로 사용합니다. 처음 그림을 배우는 기초 과정에는 1란(기둥 선) 2란(받임 선-봉황새 눈 만들기) 3란(파봉안-봉황새 눈 무너트리기) 이렇게 기본을 3이란 숫자로 시작합니다. 자세히 설명하자면 돌로 탑을 쌓는 것은 음양인데 완성한 탑을 그냥 두면 그것으로 끝나고 그 탑을 무너트리면 새로운 창조의 탑을 쌓을 수 있다는 것입니다.

들어보셨지요? 공든 탑을 무너트리면 더 좋은 탑이 나온다는 것. 그래서 동양권의 동양화는 음양, 즉 밝음(백색) 어둠(흑색) 회색(흑백의 연결) 이 3가지를 선으로 그립니다.

서양권에서 발견된 기름으로 그린 그림을 서양화(油畵)라고 말합니다. 서양화는 색채를 말합니다. 색채는 3원색으로 시작하는데 빨강, 파랑, 노랑입니다. 이 색을 빛으로 합치면 백색이 되고, 물질로 합치면 검정색이 됩니다. 이것을 삼위일체라고 합니다.

그래서 동양화는 음양을 중요하게 생각하며 선 이야기이고, 서양화에서는 삼위일체를 중요하게 생각하면서 색채이야기입니다.

31강. **–문화이야기 (12) –**

동방의 조용한 아침의 나라

그동안 유럽 쪽이나 다른 나라들의 예언자들이 하나같이 21세기
에는 동방의 조용한 나라에서 세상을 지배할 것이란 예언들을 많
이 해왔습니다.

세월호 참사를 보면서 우리의 앞날을 생각해 보았습니다.

미래를 보기 위해서는 과거로 돌아가 봐야 하듯이 저는 지구
의 과거 역사를 보게 됩니다. 기원전<BC>으로 돌아가 보면
아프리카 지역에서는 나일 강 주변에서 문화가 시작되었고,
중동 지역에서는 메소포타미아 유역 티그리스-유프라테스
강에서 문화가, 중남부 인도지역에서는 인더스 강 주변에서
문화가 시작되었고, 동방에서는 중국 황허 강 지역에서 문화
가 시작되었는데 모두 강을 사이로 문화를 공유하면서 그 지
역 주변을 장악하면서 살아왔는데 기원후<AD>시대에 들면
서는 이탈리아 반도 로마가 지중해 주변을 정복하면서 1,500
년 동안 지배(그들은 세계 전체를 지배했다고 합니다.)를 했습
니다.

뒤늦게 꿈틀거리며 태어난 유럽지역이 300여 년을 세계강국

으로 지배하였고, 유럽 사람들이 '신세계'라는 신생국 나라 미국을 만들면서 200여 년을 지배해 왔습니다.

그동안 유럽 쪽이나 다른 나라들의 예언자들이 하나같이 21세기에는 인도의 시성(詩聖)이라 불리는 타고르 시에서 "동방의 등불 코리아"라고 했듯이 동방의 조용한 나라에서 세상을 지배할 것이란 예언들을 많이 해왔습니다.

동방의 세 나라 즉, 일본과 중국 사이에 있는 한국을 봅시다.

우리나라는 중앙에 자리 잡고 일본이 동쪽 울타리 역할을 하면서 바람막이 태풍막이 지진막이들을 하면서 우리나라 동쪽을 보호해주고, 서쪽의 중국은 대륙의 지형적 안정감으로 보호하고 있습니다. 우리는 양쪽의 보호를 받으며 남쪽에 환하게 트인 전망 좋은 자리를 차지하며 5,000년 동안 단일민족으로 살아오고 있습니다. 우리는 명당자리에 살면서 한 번도 남의 나라를 침범한 적(북쪽 고구려 시대에만 한 번 있었지만) 없이 착하게 방어만 하며 문화생활을 하면서 살아왔습니다.

동쪽의 일본은 보이는 곳이란 유일하게 옆에 있는 한국을 보면서 얼마나 부러웠겠습니까? 온갖 태풍이나 바람, 지진을 자기들이 감수하면서 말입니다. 그래서 우리가 부러운 나머지 밉기도 했겠지요. 형님 격인 한국에서 슬슬 문화를 받아들이다 보니 너무나 부러웠겠지요. 그들은 기회만 있으면 한국을 탐냈습니다.

임진왜란 등 작은 도둑처럼 호시탐탐 노려오다가 그들에게 기회가 왔습니다.

한국의 반대 방향인 동쪽 바다를 통해 키가 큰 서양 문화가 일본으로 온 것입니다. 그들에게서 온 것 중 하나는 살상 무기들이었습니다. 자기들 딴에는 신식 무기를 가지고 조용한 아침의 나라 한국을 넘보며 36년 동안 괴롭혔지요. 지금도 조그마한 섬 독도를 자기 땅이라 우기는 것은 옛날부터 한국 땅이 갖고 싶었고 부러워했던 탓입니다.

우린 얼마나 욕심 없고 착한 민족이었습니까? 대마도를 세 번이나 그냥 돌려주며 "너희들 가져라"하며 주지 않았습니까? 우리는 땅을 갖고 싶으면 서쪽으로 눈을 돌려 중국 가까이까지 개발할 능력이 있지만 안 하질 않습니까?
그만큼 욕심 없는 민족입니다.

현재 21세기의 세계는 땅따먹기가 중요한 시대가 아니라 땅은 작아도 머리싸움이 중요한 시대입니다.
옛날 로마는 그 지역 주변을 1,500년 지배하였습니다. 그때는 칼과 창으로 지배했지만 지금의 이 시대 우리는 머리로 세계를 지배하는 시대가 왔습니다.
한국 사람들의 두뇌 지수는 세계에서 아이큐 평균 100이 넘

백두산 인상 캔버스 유채 52.5×45.0 **서봉남作** ▶

어 제일 우수하다는 통계가 있습니다. 우리 민족은 개인으로 볼 때 똑똑하여서 개인주의일 것 같지만 어려울 땐 단결했습니다. 가까운 예로 3.1운동 때나 IMF 때의 금모으기 운동을 보십시오. 그래서 세월호의 안타까운 참사를 보면서 우리도 달라질 것이란 생각을 하면서 희망을 가져 봅니다.
여러분 자신 있지 않습니까?

우리 민족은 수평으로는 동쪽의 섬 기질과 서쪽의 대륙 기질로 양면기질을 다 가지고 있으니 머리는 더 으뜸이고, 수직으로는 사계절이 분명한 지역에 살고 있으니 몸이 얼마나 단단합니까. 그래서 21세기에는 한국이 당연히 세계 1위가 되어 몇 천 년 세계를 호령할 것으로 믿습니다.
그렇게 되려면 우리들 세대(현재 50~80세)가 후배들에게 물려줘야 할 것이 있습니다.
우리가 죽기 전까지 3연(혈연, 지연, 학연)을 없애야 하며 그것을 후세에 물려주지 않아야 가능합니다.

내가 존경했던 조만식 선생님도 "첫째로 외국 물건 사지 말고 국산을 사용합시다. 둘째로 고향이 어디냐 묻지 맙시다."를 외쳤습니다.

－문화이야기 (13)－

풍수지리 (風水地理)

산악지대에 사는 사람들은, 특히 우리나라의 경우는 전 국토가 산
악지대여서 태풍과 홍수에 적응하기 위해 풍수지리를 중요하게 생
각했습니다.

지난달의 장맛비로 홍수가 나고 태풍이 같이 불면서 많은 집
들이 파손되어 무너지고 물에 휩쓸려 떠내려갔습니다.

그런데 여러분 놀랍게도 무너지고 떠내려갔던 집들은 지금
부터 70년 전 해방 이후에 지은 집들이랍니다.

그러니까 70년 이전에 지은 집들은 거의 피해를 입지 않았다
는 것입니다.

그 이유는 땅속에서 뼈대처럼 지탱하고 있던 돌과 흙들을 무
너뜨린 후 평지로 만들어 집을 지었기 때문인데, 홍수가 지나
간 후 땅이 주저앉아 싱크홀(Sink Hole) 동공 등이 생기는 것은
장맛비로 인해 땅속에 스며든 물들이 원래 있던 물길을 찾아
가다보니 후에 메꾸어진 흙들이 밀려가서 지반이 가라앉았기
때문입니다.

다른 나라 중국이나 미국, 유럽, 중동 등 평야지대에 사는 사람들은 중앙에 왕이 집을 짓고 그 주변에 귀족 계급, 그 다음 평민들이 둘러서 집을 짓고 그 다음 성벽을 쌓고 성 밖에는 물길을 파고 살면서 안전을 지켜왔습니다.

그러나 산악지대에 사는 사람들은 다릅니다. 특히 우리나라의 경우는 전 국토가 산악지대입니다. 산이 많은 지역은 옛날부터 높은 산으로부터 내려가면서 계곡이 생기고 그 길 따라 물과 흙이 밀려내려 산 밑에는 흙으로 쌓인 야산이 생기고, 그 다음 물과 흙이 범벅이 된 늪지대가 생깁니다.

여러분들도 세계여행을 많이 다니실 것입니다. 세계 곳곳에는 높은 지역에 형성된 도시가 있습니다. 다른 나라 선진국을 가보면 평야의 밭과 논자리는 건드리지 않고 높은 지역 산 위 전망 좋은 곳에 집을 짓고 살고 있습니다. 그들은 살아가는 데 식량이 중요하다는 것을 알기 때문이었을 것이고, 놀랍게도 이들은 풍수지리에 맞게 지은 집들이었습니다.

노르웨이 인상 캔버스 유채 116.7 × 91.0 **서봉남**作 ▶

대자연과 함께 항해술이 뛰어난 이들이 상업 활동을 주로 했던 옛 바이킹의 후예가 사는 곳, 스칸디나비아 반도, 노르웨이의 장엄한 자연, 맑은 공기와 오염되지 않은 청정 물, 민속의상(부나드)과 고유의 의상을 구분하여 전통을 간직하고 자랑스럽게 여기는 민족, 고대의 통나무 교회당을 잘 보존하며 간직한 노르웨이 사람들, 빙하시대 동안 빙하로 인해 강의 침식작용이 일어나 계곡이 깊어지고 거대한 퇴적된 바위들이 대자연의 아름다움을 만든 노르웨이 사람들의 생활과 빙하와 호수가 있는 노르웨이, 셰익스피어 이후로 유명한 극작가 입센과 뭉크의 고향인 오슬로, 유럽에서 가장 북쪽에 위치한 곳, 겨울은 추우며 길고 여름에는 밤이 되어도 해가 지지 않는 백야현상을 볼 수 있는 곳, (작품 - 전통무용, 장엄한 자연, 교회, 왕궁의 나팔수, 바이킹 배와 현대의 배, 뭉크 등)

자! 이제부터는 우리나라의 지형을 한번 볼까요?

 우리나라 근대와 현대에 서구문명이 들어오기 시작하면서 예전에 있던 풍수지리의 진리를 무시하고 논과 밭 자리에 도시를 만들게 되었습니다. 비 오는 장마철 때마다 많은 피해가 생기는 것은 이 때문입니다.
 풍수지리를 이해하려면 먼저 사람의 형태를 보시면 됩니다.

 모두 일어서서 양팔을 벌리고 자신을 내려다보세요. 뼈대가 굵은 골격이 머리부터 가슴, 양팔, 발까지 뻗어 있습니다. 자연과 비교해 볼까요? 머리에 해당하는 높은 산에서 내려다보면 가슴부터 배꼽까지 마을이 형성되어 있고 배꼽부터 무릎까지는 밭이고 무릎부터 발바닥까지는 논입니다.
 그래서 우리나라는 옛날부터 가슴에는 절과 궁을 지었고, 그 밑으로 귀족, 평민 순서로 배꼽까지 마을이 되었고, 배꼽 밑으로 무릎까지는 밭이고 무릎부터 발바닥까지가 논이 되었습니다. 또한 위에서부터 흐르는 물길을 벗어나게 해주는 양손의 형태처럼 좌측을 청룡, 우측을 백호라고 했습니다.
 우리는 이처럼 전문가가 아니라도 누구나 풍수지리를 알 수 있습니다.

 근대에 와서 우리나라는 가슴과 배꼽 사이에 집 짓고 도시를 만들어야 하는데 밭과 늪지대인 평지에 집을 짓고 도시를 만들어 가고 있습니다.

도시 계획이 잘못되어 홍수 때마다 피해를 입으며 고생하고 있습니다. .

농산물을 생산해야 할 자리에 집들이 차지했으니 이 땅에 장차 식량전쟁이 일어나면 큰 일이 아닐 수 없습니다. 그때에는 거꾸로 산을 깎아 계단식 논을 만들려 할 것입니다.

  우리는 미래의 후손들을 위해 이런 것도 한 번쯤 생각해보아야 하지 않을까요?

주 : 현재 미래학자들은 인간이 만든 과학의 산물인 쓰레기가 지구의 온난화를 만들어 매년 한국 남한 크기의 숲이 사라지고 곡물을 먹고 살던 인간이 동물 소비가 앞질러 고유의 식량문제가 야기되고, 3시간마다 1개씩 식물이 멸종되고, 자연과 인간을 살리고 있던 물이 줄어 앞으로 몇 십 년 후 50퍼센트의 인간이 죽어 갈 것이라고 발표하면서 심각한 환경문제를 지적하고 있다.

미술이란 무엇인가

미술은 정신적인 내용과 생활적인 내용의 미술품들로 구분할 수 있습니다. 종교미술(영)−신과 인간관계에 해당하는 미술이며 순수미술(머리)−정신을 근거로 시작된 미술을 말합니다. 생활미술(몸)−육체가 필요로 해서 만들어진 미술이라고 말할 수 있습니다.

저의 직업을 아시지요?

저의 직업이 화가이니 미술 이야기를 하겠습니다.

종교미술

미술은 정신적인 내용과 육체 즉, 생활적인 내용의 미술품들로 구분할 수 있습니다.

옛날 옛적에 원시인이 살았습니다. 산악지대에 사는 원시인들은 앞은 잘 보이지만 뒤를 볼 수 없기 때문에 항상 뒷면이 불안했습니다.

그래서 안전한 집을 찾을 때는 동굴을 택했습니다. 동굴의 특징은 뒤쪽은 안전하며 앞쪽만 경계하면 되었으니까요. 또한

들에 사는 원시인은 반도 형식의 지형을 좋아했습니다. 삼면이 물로 둘려 있고 한쪽이 육지로 트여 있는 곳을 택합니다. 그것도 한쪽만 지키면 되었으니까요.

어느 날, 낮인데도 불구하고 갑자기 하늘에서 큰 소리가 나고 캄캄해지며 물이 쏟아졌습니다. 원시인들의 생각에는 하늘에 계시는 알 수 없는 무서운 거인이 오늘 화가 나서 소리치고 눈물을 흘리는 것으로 생각했습니다. 두려워서 떨고 있는 원시인들 중에 한 사람이 제안했습니다. "하늘에 계시는 거인님이 오늘 화가 잔뜩 나셨으니까 우리가 화를 풀어줍시다." 이렇게 해서 제사를 드리게 되었습니다.

제사를 드리기 위해서는 먼저 단을 쌓고(미술), 제일 좋은 음식을 제단 위에 올려놓은 후 주문(문학)을 외우며, 흥(음악)을 돋우어 절(무용)을 합니다. 이때에 사용하는 모든 행위를 정신적 행위 즉, 종교예술이라고 합니다.

생활미술

원시인들은 밤엔 편히 잘 수 있는 집을 짓고, 사냥을 할 수 있는 물건을 만들고, 추워지면 동물의 가죽으로 옷을 만들어 입고, 짐승들과 같이 입을 대고 물을 마시기 싫어서 떠먹을 수 있는 그릇을 만들고, 그리고 불을 발견하고 그것에 필요한 물건들을 만들게 됩니다. 이런 모든 것들은 육체가 필요로 해서 만들어졌기 때문에 생활미술이라고 말할 수 있습니다.

육체는 태어나서 살다가 죽으면 흙으로 돌아갑니다.

그래서 시작이 있고 끝이 있습니다. 마찬가지로 생활예술도 시작이 있고 끝이 있습니다.

지금 사용하고 있는 볼펜의 예를 들겠습니다.

어떤 사람이 편리하게 쓸 수 있는 도구가 필요함을 느끼고 골방에 앉아서 연구에 연구를 거듭하여 볼펜을 만들어 냈습니다. 그는 기쁜 마음으로 뛰어나와 친구들에게 보여주었습니다. 열 명의 친구들은 볼펜이 편리하고 좋아서 서로 자기에게 달라고 하였습니다.

그는 기다리라 해놓고 볼펜을 열 개 복사해 와서 값을 받고 볼펜 한 자루씩 나누어 주었습니다. 그 볼펜은 값을 지불하고 가져간 사람의 것이 되었습니다. 처음 볼펜을 만든 사람은 무에서 유를 창조한 사람이기 때문에 예술가입니다.

그러나 이 예술가는 애초에 그 볼펜이 육체의 필요함 때문에 만들어진 물건이기 때문에 보상을 받고 나면 자기하고는 상관없어집니다. 이것을 바로 생활예술이라고 합니다.

순수미술

순수미술은 처음부터 정신을 근거로 시작된 것을 말합니다. 어느 화가가 자기만의 생각에 몰두해서 그 생각을 그림으로 표현하고 그 그림을 열 명의 친구에게 보여주었습니다.

친구들은 그림을 보고 감탄하면서 서로 자기에게 달라고 했습니다. 그러나 화가는 그 그림을 또다시 열 개를 복사하기가

동심-기다림 캔버스 유채 162.0×130.0 **서봉남作**

불가능합니다. 그림은 화가가 그릴 당시의 생각을 그렸기 때문에 복사가 안 되는 것입니다. 결국 열 명 중에 한 사람에게만 줄 수밖에 없습니다. 그러면 그림 값을 얼마를 받아야 할까요?

그 그림 값은 정할 수 없고 화가 마음대로 부르는 것이 값입니다. 왜일까요? 그것은 처음부터 육체에 목적을 둔 것이 아니라 정신에 근거를 두었기 때문에 값을 계산할 수 없는 것입니다. 그리고 화가는 그 그림을 백만 원을 받고 친구에게 주었다고 합시다.

그림은 값을 치루고 가져간 친구의 것일까요?

아닙니다. 그 그림은 영원히 화가의 작품이며 다만 값을 치르고 가져간 사람은 화가의 작품을 잘 보호하며 관리하겠다는 약속을 한 것입니다.

지구 위에 사는 60억 명의 사람들 중에 두 사람도 똑같은 사람이 없듯이 순수미술은 한 사람의 작품이며 지구 위에서 오로지 한 점뿐이기 때문입니다.

생활미술은 육체의 필요에 의해서 시작되는 것이어서 인간이 태어나고 언젠가는 다시 흙으로 돌아가듯이 작품들도 시작이 있고 끝이 있는 것입니다. 그러나 종교미술은 정신세계로서 육체 밖에서 내 마음속으로 들어오는 반면, 순수미술은 자신의 정신적인 바탕에서 밖으로 발산한 것입니다.

종교미술은 그 종교가 없어지지 않는 한 100년 전 사람이 보아도 이해하고 현재 사람이 보아도 같고 백 년 후 사람이 보아도 같기 때문에 국가의 보물이 되고, 순수미술은 만든 사람의 이름이 그 미술품이 없어질 때까지 문화재나 보물이라는 이름으로 붙어 다니며 백 년이 지나면 '몇 세기 작품'으로 구분됩니다.

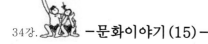 **－문화이야기 (15)－**

미술을 쉽게 감상하는 법

미술 감상은 본인이 어린 시절부터 성장해왔던 순서대로 생각하며
감상합니다. 어린 시절–본능적으로 그린 것(우주적인 그림), 청소
년 시절–서서 보이는 대로 그린 것, 청년 시절–본인의 생각을 표현
하는 것(이것저것 상상의 표현), 장년 시절–인생의 연륜에 따른 철
학적인 것. 위의 내용에 따라 내용의 미술품들로 구분하여 감상합
니다.

'나는 그림을 잘 볼 줄 몰라서' 라 말하는 사람이 많습니
다. 옛날, 평민계급의 사람들은 육체적인 노동만 하면 되었는
데 귀족계급의 사람들은 정신적인 노동을 해야 했습니다. 어
느 귀족 가정에서 어른이 돌아가실 때가 가까웠습니다. 그 아
들은 아버님의 얼굴을 남겨놔야 되겠다는 생각이 들어서 아버
지의 얼굴을 그림으로 그려서 벽에 붙여 놓았습니다. 이때의
그림은 눈에 보이는 그대로 사실적으로 그리면 되었습니다.
평민들은 부모의 초상화 그림을 그릴 형편이 되지 못했기 때
문에 귀족들을 상대로 하였던 화가들은 평소에는 먹고 할 일
이 없이 낭만적으로 그림이나 그린다고 하여서 〈낭만파〉 그
림이란 별명이 붙었습니다.

당시에는 화가들이 초상화를 그리기 위해서는 집 안에서 모델을 앉혀놓고 그렸습니다. 연로한 모델을 생각해서 30분 그리고 10분 쉬고, 이런 식으로 서로 시간을 조정하여 그림을 그렸습니다.

어느 날,
쉬는 시간에 화가는 캄캄한 실내에서 밖으로 나와 하늘을 쳐다보면서 깜짝 놀랐습니다. 화가는 그동안 '나무는 초록색이야' 라는 생각으로 그림을 그려왔는데 오늘 하늘에 비춰진 나무는 초록색이 아니었던 것입니다. 그 나무는 흰색, 노랑색, 연초록, 진초록, 보라색, 빨강색 등 다양한 색들로 이루어져 있다는 것을 깨달았습니다.
이때부터 화구를 밖으로 들고 나와서 풍경을 그리기 시작했는데 이것을 《인상파》 그림이라고 합니다.

또 화가가 모델을 앉혀놓고 그림을 그리다가 목이 말라서 잠깐 식탁에 있는 물을 마시면서 모델의 옆모습을 바라보다가 새로운 것을 발견했습니다.
그동안 모델의 앞면만 그려왔는데 그 모델 옆모습의 특징을 발견하게 되었던 것입니다.
이때 사람은 평면적이라는 생각을 해왔는데 사람이 입체적인 동물이라는 것을 새삼 깨달았습니다. 이때부터 시작된 것은 한 폭 안에 앞모습, 옆모습 등을 혼합하여 그린 그림으로

〈입체파〉라고 합니다.

또 다른 화가는 그림을 그리다가 실수하여 붓을 놓치는 바람에 그동안 그려놓은 그림을 망쳐버리게 되어서 속이 상했습니다. 그런데 자세히 보니까 망친 그 그림이 더 좋게 보였습니다. 그때 깨달은 것은 '꼭 손으로 그릴 필요가 없구나!' 라고 생각하며 물감을 뿌리기도 하고 던지기도 하여 새로운 기법을 도입하게 되었는데 이 그림을 〈추상화〉라고 이름 붙였습니다.

　어떤 화가는 한정된 캔버스에 그림을 그리다가 자신이 생각했던 내용이 그 공간 안에 더 들어가지 않아서 생각하다가 캔버스 위에 덧붙였습니다. 이리하여 캔버스 밖에서도 생각을 표현할 수 있겠다는 생각을 하고 캔버스를 튀어나와 현장감을 주는 설치미술이 시작되었는데 이것을 〈전위미술〉이라고 합니다.

　여러분 백남준 화가를 모두 아시지요. 저는 20세기 들어와서 그분이 최고의 화가라고 생각하고 있습니다. 그분이야말로 특별한 생각으로 우주를 생각한 화가입니다. 내 그림을 지구 반대방향에 있는 통신기술로 보낼 수 없을까? 를 생각했습니다. 그것이 〈비디오 아트〉입니다.

　한참 후, 지금 여러분들은 모두 핸드폰을 가지고 계시지요? 이미 백남준이 생각했던 것이 이루어졌다고 생각하시면 됩니다. 지금까지 미술의 과정을 설명했는데 이제 감상법 설명을 시작할까요? 미술 감상은 간단합니다. 지금까지 설명한 대로 보는 것입니다.

낭만파의 사실적인 그림은, 그냥 눈으로 보기만 하면 됩니다. "참 잘 그렸네, 어쩜 이렇게 똑같이 그렸지?" 하면서요.

인상파 그림은 눈으로 보면서 생각합니다. "지금 몇 시지? 계절은" 이렇게 감상합니다. 입체파 그림을 만나면 그 그림을 분해해서 봅니다. "저 여인은 앞모양이 저렇게 생겼구나. 옆모양은, 뒷모양은?"

추상화 감상법은 두 가지가 있습니다.

첫 번째는 무의식의 그림인데, 그것은 단순하게 눈으로 보면서 '저것이 무엇인가' 하고 생각하고 찾을 필요가 없이 그냥 느끼기만 하면 됩니다.

두 번째는 의식상태의 작품입니다. 그 그림은 먼저 누구 작품인지 사인을 확인합니다. 작가를 생각하면서 '왜 저것을 흐리고 이상하게 그렸을까?' 이때의 감상은 작품을 보고 작가의 작업환경을 생각하면서 가슴으로 느끼는 것입니다.

추상화는 보는 사람마다 다른 느낌을 받기 때문에 정답이 없습니다. 그래서 사람들은 "그림을 볼 줄 몰라서....." 라고 하는 것입니다.

미술은 선택을 잘해야

지구 위에 직업의 종류가 약 3만 가지가 된답니다. 사람들은 직업 하나를 선택해서 그 직업으로 일생을 살아갑니다. 본인 스스로 적성에 맞는 직업을 선택한 자만이 행복할 것입니다.

　지금 우리나라에 직업의 종류가 약 3만 가지가 된답니다. 사람들은 직업 하나를 선택해서 그 직업으로 일생을 살아갑니다. 그러자면 자기의 직업이 제일이라는 자부심을 갖고 열심히 갈고 닦아 그 분야에서 앞서가야 성공했다고 사람들은 말합니다. 본인 스스로 그 직업을 자랑스럽게 생각하며 최선을 다할 때 행복할 것입니다.

　동양권에서는 축구공만한 크기의 정신이 가슴 속에 있다고 생각했고, 서양 사람들은 정신이 머릿속에 있다고 생각했습니다.

　그러니까 서양 사람들의 생각에는 29,996가지는 육체에 해당되는 직업이고 4가지는 정신적인 직업이라고 생각했습니다.

육체적인 직업은 많으니까 생략하고 정신적인 직업은 축구공 만한 머리에서 나온 네 가지 중 입은 문학이고, 귀는 음악, 그리고 눈은 미술이며, 머릿속의 생각은 종교라고 생각했습니다. 그러면 연극과 무용, 교육 등은 어디에 해당할까요?

그것은 정신 반, 육체 반이라고 분류했습니다.

미술에도 자세히 분류하면 많지만 크게 세 가지로 나누게 됩니다. 하나는 종교미술, 또 하나는 정신미술(순수미술), 또 하나는 육체적인 미술(생활미술)입니다.

먼저 종교미술부터 설명할까요.

옛날 원시사회로 돌아가 보면 육체적으로 힘센 사람이 추대되어 마을 사람들을 리드합니다. 그는 마을사람들을 위해 사냥을 나가기 전에 찾아가는 사람이 있습니다.

그 사람은 선천적으로 타고난 화가(당시에는 신과 연락이 통하는 사람으로 생각함)에게 "오늘 사냥을 가려는데 어떤 동물을 어떻게 잡으면 되겠느냐"고 물으면 화가는 벽에다 동물 그림을 숯이나 색이 있는 돌로 그리고 젊은 리더에게 설명합니다. 어느 지역으로 가면 이런 동물이 있는데 그 동물 가슴을 가리키며 이 심장부위를 창으로 찔러야 된다는 말을 해줍니다. 그러니까 이 화가는 점쟁이 역할을 하는 것이지요.

그 화가는 어디에서 배운 것이 아니라 선천적으로 잘 알고 잘 그리게 되었습니다. 이러한 기록이 종교미술의 시작이 되었습니다.

　육체적인 미술은 이렇게 시작되었습니다.

　처음 사람들이 목이 마를 때 연못에 가서 동물들과 같이 주둥이를 쑥 빼고 같이 물을 마셨는데 이때 화가는 생각했습니다. (물론 이때는 화가라는 단어가 없었지만 당시는 눈으로 보고 머리를 쓰며 손으로 만드는 종합미술의 시대였기에 화가라고 부르도록 하겠습니다.) 동물들과 같이 물을 마시는 것이 자존심 상했는지 동물과 다르게 먹을 수 없을까 생각하다 그릇이라는 것을 만들어 떠먹기 시작했고, 차츰 발달하여 옷을 만들고 사냥기구 등을 만들기 시작했습니다.

　이런 것들을 육체에 필요함을 느껴 육체를 근거로 시작했기 때문에 육체미술이라고 합니다. 육체미술의 결과는 이렇습니다. 육체는 시작이 있고 끝이 있습니다. 사람이 태어나면 언젠가 흙으로 돌아가듯이 육체를 근거로 만든 미술은 언젠가는 없어진다는 뜻입니다.

　어느 미술가가 눈에 보이는 풍경이나 정물 등을 있는 그대로 그린 그림을 '장식용' 그림이라 하며 그것은 육체를 즐겁게 하는 그림이어서 언젠가는 싫증이 나서 다른 그림으로 바꾸게 됩니다. 다시, 음악으로 비교한다면 대중가요와 같은 것입니다.

　또 다른 미술은 정신적인 미술입니다.

어느 화가가 자기 생각을 그림으로 표현했습니다.

지구 위에 유일하게 한 점뿐인 것이기 때문에 그 그림은 작가가 부르는 게 값이 되는 것입니다. 그래서 이런 그림은 정신적인 '감상용'(클래식-순수미술) 그림이라고 합니다.

그 그림은 감상을 할 때마다 달라 보이며 보는 사람으로 하여금 생각이 살아 움직이게 하는 것입니다.

위의 미술품들이 100년이 지나가면 종교적인 미술품들은 국가의 보물이 되고, 정신적인 미술품은 가정의 보물이 되고, 육체적인 미술품은 골동품이 되는 것입니다.

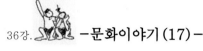 － 문화이야기 (17) －

철학이란 무엇인가

꼬리에 꼬리를 물고 지상에서 우주로 지구의 곳곳을 날아다니며
컵으로 시작하여 엉뚱한 이야기까지 만들어 내는 것이 곧 철학입
니다.

어떤 사람이 저에게 물었습니다.

"아들은 무엇을 전공했어요?"

"네~ 문과대학에서 철학을 전공했어요."

"그럼! 철학관에서 이름 풀이 하겠군요..."

"......"

A라는 사람의 입이 열리며 단어 한 마디가 날아갑니다.

멀리에서 열려 있고 방치되어 있는 B라는 사람의 귀가 쫑긋하
게 감지를 합니다.

알 수 없는 소리가 가늘게 또는 두껍게 어떤 때는 느리게 또
는 빠르게 주변의 공기와 바람을 타고 리듬으로 아름다운 음
악소리로 달려옵니다.

그 소리가 B의 귓속에 전달된 그때에야 그 소리의 단어가

동심-나들이 캔버스 유채 162.0×130.0 **서봉남作**

'컵'이란 것을 알았습니다.

귀는 빨리 컵이란 단어를 두뇌로 보냅니다. 전달받은 두뇌는
작동하기 시작하여 원통에 아래 부분이 막히고 손잡이가 옆에
붙어 있는 컵의 모양을 재빨리 만들어 냅니다.

그러니까 처음 A의 입에서 나가는 단어는 "문학"이며,
그 단어가 공중에 떠 있었던 동안은 "음악"으로 변해 있었고,

귀까지 도착하여 두뇌에 보내져 컵의 모양(미술)을 만들어놓은 것을 보고 결정을 합니다.

컵이 흑백으로 문자화로 만들어져 있을 경우 그것을 "철학"이라고 합니다. 컵은 아름다운 소녀의 손에 들릴 것이고 그 컵 속에는 향기로운 커피가 들어 있어서, 한 모금 마시면서 사랑하는 '님'을 생각할 때 상상 속에서 사랑하는 그 청년이 나타나 미소를 짓습니다.

둘 사이는 대화를 주고 받고 하는데 그 대화는 꼬리에 꼬리를 물고 지상에서 우주로 지구의 곳곳을 날아다니며 아름다운 대화로 사랑을 펼칩니다.

그러니까 컵으로 시작했던 사건이 전혀 생각지도 못했던 엉뚱한 이야기로 귀결되는 것이 곧 철학입니다.

반대로 그 컵이 색깔로 보여졌을 경우에는 아름다운 한 폭의 "미술"이 되는 것입니다.

제4부

에세이
Essay

－에세이 (1)－

살아 있다는 기쁨에

나의 지난 세월은 산 너머 저쪽 신비의 세계를 찾아가는 여정이었다. 어떤 일에 감동을 받거나 고독할 때 그 느낌을 화폭 위에 그림으로써 마음의 안정을 찾기도 하고, 가슴이 벅차올라 감동과 환희가 화음을 그려낼 땐 행복함을 느꼈다.

지금 나는 살아 있다는 기쁨에 넘쳐 매일의 새날을 위해 소박하고 단순한 노래를 새처럼 즐거이 불러본다.

은회색 안개 속에 들의 윤곽이 보일 듯 말 듯 희미하게 나타나고, 잡풀 속에는 어렴풋한 향내가 가득하고, 어린 풀잎이 작은 바람에 흔들린다. 안개가 걷히고 반짝이는 연초록빛 강물과 나무들, 초가집들 그리고 그 위에 드리운 연한 빛 하늘이 드러난다. 눈앞에 전개되는 아름다운 형태와 색깔들.
나는 노래를 흥얼거리며 이 모든 것들을 화폭에 옮겨 담는다.
하나님은 이 세상을 참으로 아름답게 잘 만드셨다.

태양이 솟아오르면 하늘이 불타면서 갈색 밤나무, 초록색 풀잎, 푸른 하늘이 싱싱하고 섬세하게 드러난다. 태양은 차츰 기울어져 노란색, 오렌지색, 진홍색, 분홍색, 보라색 순서로 물감이 튀어지고 마지막 햇살이 지평선 너머로 자줏빛 테를 두르고 나면 황혼, 부드러움, 평화가 연노랑의 안개에 드리워 아늑해져 간다.

이어 하늘은 섬세한 녹색과 카키색, 회색, 갈색조의 색깔로 변해가고 강물도 하늘의 연한 그림자를 품고 녹아 들어간다.

나는 꿈속에서 그림을 그린다.......
나중에 꿈에서 깨어나면 이 꿈도 그려야지.......

내가 그림을 그리는 직업을 가지게 된 것은 하나님께서 주신 축복이요 특별한 선택이었다고 생각한다. 내가 그림을 그리기 시작한 것은 서너 살 아니면 다섯 살쯤일 것이다.

특별히 잘 그린다는 것보다 형이나 누나가 그리니까 따라서 그렸을 것이다. 그런데 초등학교 2학년 때 전교에서 1등 하고부터 그림과 가까워지게 되었다. 연필만 손에 잡으면 수업 시간에도 노는 시간에도 그림을 그려댔다.

성인이 된 지금도 아름다움을 보면 그때의 열정이 온몸에 스미는 듯 느껴진다. 그럴 때면 나는 어린이만이 느낄 수 있는 뭐라고 꼭 꼬집어 표현할 수 없는 황홀한 환희에 사로잡힌다.

소년시절 처음으로 수채화 물감으로 그림을 그렸을 때, 그때의

여름(계곡) 캔버스 유채 53.0×45.5 **서봉남作**

　아마도 치기어린 발상과 어린아이 장난과 같은 배치, 계곡에서 바람이 불어오는 선풍기며, 갑자기 과일이 먹고 싶어서 정물이 들어선다든지 또 그렇게 보면 어린아이들이 아무렇게나 환칠한 듯한 붓 터치들이 화면을 종횡무진 휩쓸고 다니고, 크기가 왜곡된−의도적으로 강조되었거나 비현실적인 포치布置가 돋보이건−정물들이 사실적인 화면에 마치 풍경의 일부분처럼 자리 잡고 있는 이러한 작품에서 동심의 화가라는 명명이 자연스럽게 붙게 되었을 것이다.

　기분을 지금도 느낄 수 있다. 또한 그럴 때면 나는 홀연히 어린 날의 무수한 순간들을 생각해 내곤 한다.

　찌는 듯이 무더운 한낮, 풀 향기 코를 찌르던 벌판과 정원의 시원한 아침과 신비스러운 숲 속의 저녁 한때…… 나는 마치 보물을 보는 것 같이 그림을 그렸었다.

특별히 예쁜 꽃이 아니라도 좋았다.

햇빛 아래 반사되는 갖가지 나뭇잎의 움직임... 그것을 그린다는 기쁨에 숨이 막힐 지경으로 좋았다.

반짝이는 색깔 하나하나, 나무줄기 하나하나, 꽃의 잔털 하나하나, 꽃의 잔털 하나하나가 눈에 또렷이 보일 때 그 긴장감과 환희란 이루 말로 표현할 수 없다.

어린 시절 나의 부모님은 내가 그림 그리는 것을 말렸기 때문에 그림 도구를 마련해주시지 않았다.

내가 지금 성인이 되었는데도 그림을 그리는 열정이 그때나 지금이나 변함이 없는 것은 고마운 일이 아닐 수 없다.

이 세상 모든 사람들은 전쟁을 하면서 살고 있다.

천하장사를 뽑는 씨름판에서 장사 한 사람을 내기 위해 얼마나 많은 씨름꾼들이 모래밭 위에 엎어지고 넘어지는 서러움을 겪어야 하는가. 운동 시합에서 이기는 선수가 있으면 반드시 지는 선수도 있다. 경쟁에는 시기와 질투가 있게 마련이어서 항상 긴장하게 하고, 경쟁의식은 사람을 야비하게 만들기도 한다. 승자의 기쁨 뒤에는 항상 패자의 슬픔이 있기 마련이다.

경쟁하는 삶 속에서 살아가는 것이 인생인데,

다행히 나의 직업은 남하고의 경쟁 없이 혼자 묵상하면서 혼자 생각하고 캔버스에 옮기는 일인 것이다. 주위와 경쟁할 필요도 없고 남을 아프게 할 아무런 이유가 없다. 고독한 나와의 싸움에서 승리했을 때 내면 깊은 곳에서 우러나오는 즐거움은 나만이 아는 것이다. 운동 경기에서 이긴 승자의 통쾌감이 아닌 조용하고 감격 어린 환희, 그것은 그림에서 오는 것일 게다.

나의 지난 사십 년의 세월은 산 너머 저쪽 신비의 세계를 찾아가는 여정이었다. 어떤 일에 감동을 받거나 고독할 때 그 느낌을 화폭 위에 그림으로써 마음의 안정을 찾기도 하고, 가슴이 벅차올라 감동과 환희가 화음을 그려낼 땐 행복함을 느꼈다. 그것은 나의 신앙심과도 직결되어 기도를 하듯 행복감에 빨려 들어감을 느낀다.

오늘도 신비의 세계가 산 너머 저쪽에서 나를 기다리고 있다. 이런 것 때문에 그림을 그리는지도 모른다.

-에세이 (2) -

눈이 많던 그해 겨울

이 땅에서 살다보면 무언인가를 자기 것으로 소유하고 싶어지는
게 우리 인간이지만 사랑으로 주고받을 때 이웃이 되듯이, 나도 작
지만 나누면서 살아아 되겠다고 12월에 다짐해 본다.

그림을 그리기 위해 야외에 나가 이젤을 펴고 캔버스를 세워
놓고 눈길이 닿는 대로 무엇이든지 바라본다.

이런저런 물건들, 나무와 산과 잔디풀 등 그냥 가벼운 마음으
로 보기 시작한다. 눈을 크게 뜨고 주의 깊게 사물들을 바라본
다. 마치 눈 안에 그것들을 집어넣을 듯이 바라보고 있으면 그
사물도 나를 바라보고 있다는 느낌이 든다. 지구 위에 그 사물
과 나만이 있다는 느낌이 들고, 모든 사물들이 살아 있다는 것
으로 수수께끼가 풀려가기 시작한다.

그 잎 속의 세포며 잔털이 숨 쉬며 움직인다.

평소 무의식적으로 보아왔던 내 앞의 사물들이 처음 보는 것
처럼 새롭게 점점 내게로 다가옴을 느낀다. 나는 그들과의 진
정한 만남이 이루어진 것을 알았고, 진심으로 본다는 것은 곧

하나님의 섭리를 발견하는 것이란 걸 알게 되었다.

 지난날이나 지금이나 아니, 앞으로도 하루는 역시 24시간이
지만 지난날의 하루와 지금의 하루는 차이가 크다. 오늘 하루
는 덧없이 흘러 지나가고 또 내일이 선뜻 다가온다.
 나는 지나가버린 그 많은 시간들을 다시 생각해 본다. 1년 중
에도 나는 유난히 12월을 좋아한다. 12월은 그 해의 끝 달이자
새해를 기다리는 달이기도 하지만 더 의미 있는 것은 아기 예
수님이 탄생한 달이며 내가 이 세상에 태어난 달이기도 한 때
문이다.

 나의 생일은 23일이니까 정확하게 하루 반이 지나면 아기 예
수가 태어난 날이어서 억울하게도 예수님 탄생일에 늘 생일을
겸해 같이 치렀었다.

 나의 꿈 많던 어린 시절은 이문동에서의 일들과 함께 지나갔
다. 언덕 위에 우뚝 솟은 우리 교회는 나의 꿈을 키워주었다.
그때의 12월은 눈이 유난히 많이 왔었는데 누나는 동생을 등
에 업고, 나는 햇살이 부서지는 눈부신 눈에 무릎까지 폭폭 빠
지면서 강아지처럼 뛰어 주일학교에 갔던 일들이 떠오른다.
 그때 눈밭 위로 들려오던 교회의 종소리와 주일학교 선생님
들이 들려주시던 재미있던 동화는 지금도 기억이 생생하다
 크리스마스 전날 밤, 한숨도 자지 않고 아이들과 어울려 지냈

던 일. 새벽을 기다려 촛불이 켜진 등을 손에 들고 형, 누나들의 뒤를 따라다니며 새벽송을 부르던 일, 커다란 자루를 짊어진 형, 언제 준비했는지 가는 곳마다 네모난 상자를 자루 속에 넣어주면 교회에 돌아와서 파티 하던 추억, 우리 교회보다 더 컸던 이웃 교회인 안식교회에서 코가 큰 서양선교사가 영화를 보여줄 때는 또래들이 몰려가서 구경만 하고 달아 나오던 생각들이 12월이 되면 떠오른다. 돌이켜보면 중년이 된 지금, 든든한 믿음의 받침이 되는 것은 어린 시절 교회에서의 신앙생활이 있었기 때문이라고 생각해 본다.

금쪽같은 시간들, 그렇게도 소망했던 화가의 길, 오직 앞으로 달릴 줄 밖에 모르던 그 지난날들, 이제 반평생을 살고 짧은 앞으로의 생애가 남아 있다.

사실 나는 지금까지 많은 것을 보아왔다. 안경, 텔레비전, 망원경, 카메라 등으로 더 잘 보려 했지만 사실은 지금까지 장님의 눈으로 보아왔던 것 같다. 그동안 뜻 없이 사물들을 바라보는 멍청이였었다.

사랑하는 마음으로 사물을 들여다보고 그 존재를 확인하는 것이 진정한 의미의 '봄' 이 아닐까 싶다.

11월이 감사하는 달이라고 한다.

◀ **동심-설날** 캔버스 유채 162.0×130.0 **서봉남作**

그러나 나에게는 12월이 감사하는 달로 생각된다. 올 한 해를 되돌아보면 감사한 일이 너무나 많다. 개인적으로 또는 국가적으로 좁아 보이던 세상이 아주 넓게 보이는 해였고 세상의 모든 것을 사랑하고 싶어졌다.

이 땅에서 살다보면 무언인가를 자기 것으로 소유하고 싶어지는 게 우리 인간이지만 사랑으로 주고받을 때 이웃이 되듯이, 나도 작지만 나누면서 살아야 되겠다고 12월에 다짐해 본다.

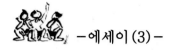

─ 에세이 (3) ─

그림을 그리는 즐거움

하얀 공간 위에 선과 형태라는 수단으로 그림을 그린다는 것은 쉽지만은 않은 작업이지만, 창조적인 영감에 의하여 자기의 사상과 인생의 모든 것을 표출해 낸다는 설렘은 나에게뿐만은 아닐 것이다.

사람은 누구나 아름다운 것을 보면 즐거워한다. 그래서 누구나 아름다운 것을 만들고 싶어 한다. 사람들이 살아 있다는 것을 기쁨으로 여기듯이 아름다운 것을 보거나 느끼거나 만든다는 것도 인생의 큰 기쁨이 아닐 수 없다.

나는 어려서 흙바닥에 나무작대기로 직직 그으며 무심코 그림을 그렸고, 남의 집 벽에 차돌이나 분필 같은 것으로 그림을 그렸다. 또 있다. 유리창에 입김을 '후욱' 하고 불어서 그 유리창에 입혀진 입김 자국에 손가락 끝으로 직직 그어서 순간적으로 그림을 그렸고, 냇가 모래밭에서 조약돌로 그림을 그렸었다. 그러다 보니 그림이 되었다.

순이의 얼굴을 그리기도 하고 호랑이같이 무서웠던 영식이

사랑B 캔버스 유채 33.3×24.2 서봉남作

할아버지도 그려보고 그저 사람의 얼굴을 그리기도 했었다.

어떤 때는 종이에 크레용으로 그림을 그려서 공부방 책상 앞 벽에 밥풀로 붙이고 색 테이프로 테를 만들어 놓고는 며칠이고 감격했다. 그 그림들은 나에게 더없이 아름다운 것이었다.

길을 가다가 꽃집 앞에서 꽃을 보고 아름답다고 생각하여 마음에 든 꽃을 사서 그 꽃을 그림으로 담았다. 내 손으로 즐겁게 그렸을 때 아름다운 꽃과 같은 마음이 싹터 오고 황홀경에 빠져 감격한 일도 있었다.

그림을 대하고 감동을 느끼게 되는 것은 아름다움을 향한 본능이 충만한 인간이기 때문이다. 시각을 통하여 사람의 마음을 포근히 가라앉히기도 하고 조용한 즐거움을 주기 때문에 미술을 벗 삼고 친숙해질 수 있었다.

그림은 곧 인생의 미적 정조를 줌으로써 생활을 보다 의미 있게 만들고, 보다 살맛과 멋을 갖게 하며, 사는 의미와 사는 이유를 알게 하고, 사는 방향과 주제를 나에게 주는 것 같아 풍요로운 삶을 살아가는 것이다.

인간은 누구나 아름다움을 추구하는 미적 본능이 있다.

선한 사람이든 악한 사람이든 누구나 아름다움 앞에서는 순수해지는 것이다.

하얀 공간 위에 선과 형태라는 수단으로 그림을 그린다는 것은 쉽지만은 않은 작업이지만, 창조적인 영감에 의하여 자기의 사상과 인생의 모든 것을 표출해 낸다는 설렘은 나에게 뿐만은 아닐 것이다.

그림이나 음악을 통하여 사람의 마음이 정화되어 아름다운 사회가 이룩된다면 얼마나 좋을까. 이러한 인간의 소망은 옛날이나 지금이나 변함없는 이상인 것이다.

프랑스 인상 캔버스 유채 91.0×72.7 서봉남作

숨겨진 매력이 가득한 낭만의 도시 파리, 한 시대를 풍미했던 자유 평등 박애의 이념을 자랑스럽게 내세우는 프랑스. 수도 파리는 정치, 경제, 교통, 예술문화의 중심지로 꽃의 도시라 불리기도 한다. (작품-에펠탑, 노틀담 성당, 몽마르뜨 언덕, 샤크레퀘르 성당, 세느 강, 프랑스 국보1호인 다빈치의 작품 모나리자, 하늘에 국기 등)

화가라는 직업

일을 할 수 있다는 것은 고귀할 뿐만 아니라 신성하기까지 하다. 단지 돈을 벌기 위한 것이고, 저속한 일이라고 폄하할지라도 일을 할 수 있다는 것은 건강하다는 증거이며, 자기 일에서 진지함을 찾을 수 있다면 그에게는 언제나 희망이 있을 것이다.

사람은 일하기 위해 태어났다고 한다. 일을 완성하고자 하는 욕망은 사람을 진리에게로 인도하는 것이 사실이다. 일을 할 수 있다는 것은 고귀할 뿐만 아니라 신성하기까지 하다. 단지 돈을 벌기 위한 것이고, 저속한 일이라고 폄하할지라도 일을 할 수 있다는 것은 건강하다는 증거이며, 자기 일에서 진지함을 찾을 수 있다면 그에게는 언제나 희망이 있을 것이다.

어린 시절에 개미에 대한 교훈을 책에서 보고 듣고 하면서 개미는 훌륭한 곤충이고 베짱이는 천하에 몹쓸 곤충으로 생각했었다. 사람들은 육체적인 노동만을 일로 생각했고 한 철 동안을 노래 부르며 생활한 베짱이는 일을 하지 않은 게으른 곤충으로 생각했던 것 같다.

우리 집에 한 달에 한 번씩 연탄을 배달해주는 50대 부부가 있다. 우리 집은 좁은 골목 안에 있고 더구나 계단으로 되어 있다. 남편은 앞에서 리어카를 끌고 부인은 뒤에서 밀며 우리 집 30미터 전방에서 리어카를 멈춘다. 그곳에서부터는 지게에 옮기고 우리 집 연탄 창고에 가지런히 쌓아주곤 한다.

비록 그분들의 얼굴이나 옷은 검정색으로 물들어 있지만 아주 행복한 얼굴로 일하는 것을 볼 때 감동적이었으며 그들이 아름답게 보였다.

한때는 나에게 미운 사람이 있었으나 이내 반성한 일이 있다. 그 사람은 항상 우리 집 입구에 초록색을 칠한 청소 리어카를 세워 놓고 매일 아침 퀴퀴한 냄새를 풍기며 연탄재 먼지를 일으키는 아저씨였다.

하필이면 상쾌한 아침에……
더군다나 새 양복을 입었을 때는 속상해서 거리는 멀지만 뒷길로 돌아갈 때가 있었다. 그런데 만약 그 청소부 아저씨가 없다면 우리 마을이 어떻게 될 것인가, 쓰레기 더미에 질식할 것이 분명하다는 생각을 하니 그 청소부 아저씨가 너무나 고마워지는 것이었다.
정치하는 사람, 장사하는 사람, 농사짓는 사람, 공부 가르치는 사람, 종교인, 교통 경찰, 버스 운전사 등등 여러 가지 직업이 있고, 이런저런 직업을 생각하면 하나도 쓸모없는 일이 없고 그 직업들이 그렇게 고마울 수가 없다.

한번은 이런 일도 있었다. 아마 7~8년 전인 것 같다.

당시 사회운동 하는 대학생과 대화를 한 적이 있다. 그 학생이 말하기를 "지금 농민들이나 노동자들은 피땀 흘려 노동을 해도 입에 풀칠하기 어려운데 빈둥빈둥 놀며 그림이나 그리는 화가가 이 땅에 무슨 필요가 있느냐"는 것이었다. 이 물음에 나는 커다란 충격을 받았었다.

다시 생각해 보면 사람이 직업을 가졌다는 것은 행복한 일이다. 각자 일을 할 수 있다는 것은 역시 축복이다. 그러나 사람들은 개미만 일을 하고 베짱이는 놀고 있다는 것으로 착각을 하고 있는 것이다

아침에 태양이 떠오르면 일터에 나가고, 태양이 서쪽으로 지면 쉬는 것이 우리가 사는 일상이다. 그러나 지금의 사회생활은 그렇지가 않다. 저녁에 출근해서 아침에 퇴근하는 사람이 있는가 하면, 온종일 집안에서만 일하는 사람도 있다. 육체적으로 일하는 사람이 있고, 정신적인 노동을 하는 사람도 있다.

지금 지구 위에 50억의 사람이 살고 있다. 그 50억의 사람 중한 사람도 같은 사람이 없다. 생긴 모습이며 성격이나, 생각하는 것까지 전혀 다른 것이다.

동심-꿈 캔버스 유채 60.6×50.0 **서봉남作**

서봉남이 보여주는 동심의 세계란 현실에 뿌리박은 환상적인 동심의
세계임을 잘 보여주고 있다. 마치 논두둑에 앉아 올해 소출을 장담하는
농부들처럼 아이들은 앉아서 턱을 고이고 또는 팔을 올리고서 이야기
에 열중하고 있다. 이 아이들을 기점으로 화면은 앞과 뒤가 분리되는데,
뒤쪽의 화면은 환상적인 숲에 둘러싸여있는 집들이 보이고 있다. 그러
므로 이 장면을 떼어서 본다면 어느 정도 환상적이기는 하지만 다분히
현실적인 무대임을 알 수 있다. 그러나 앞부분의 화면을 보면 거기에는
환상적인 풍경이 전개되어지고 있다. 거위가 놀고 있는 개울-그 자체
로는 어쩌면 환상적인 화면이 창출되고 있는 것이다.

그러니 각자 하고 있는 일도 다를 것은 자명한 사실이다. 열심히 노동하는 사람이 있고 놀고먹는 사람도 있다(사실은 보이지 않는 곳에서 나름대로 일하고 있지만). 겉으로 보기에 노는 것 같지만 다른 측면에서 그 사람도 부지런히 일하고 있다는 것을 알아야 한다.

사람은 일을 함으로써 자신을 완성해 간다고 한다. 더할 수 없는 천한 종류의 노동이라 할지라도 사람이 마음을 잡고 일하기 시작한다면 그 순간 그 사람의 영혼이 평정을 찾아 진정한 조화를 이룰 것이다.
자기가 할 일을 찾은 사람은 축복을 받은 사람이다.

나에게는 일이 있고 생의 목적이 있기 때문에 그것을 찾아내고 그것을 추구한다. 나는 일하는 사람에게 마음 깊은 곳으로부터 하나님께서 힘을 주시리라는 것을 확신한다.

화가도 빈둥빈둥 놀고만 있는 것이 아니라 남에게 보이지 않는 곳에서 열심히 일하고 있고, 이 땅에 작으나마 한 역할을 하고 있다는 생각을 하며 살고 있다.

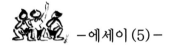

동심

사람들은 언제나 날 어리게 봐준다. 사람들은 내 그림을 어린아이를 위한 그림 같다고 말한다.

나는 이 두 가지를 모두 고맙게 생각한다.

사실 나는 어린이를 위한 그림도 그리고 또한 어른들을 위한 그림도 그리기 때문이다. 어린이를 위한 그림이나 어른들을 위한 것 모두 결국은 마찬가지의 그림인 것이다. 크기가 다른 두 개의 원이 완전히 겹쳐질 때 하나의 중심을 갖듯이, 사람마다 이해와 감정의 폭이 다르므로 공감과 해석의 범위가 보는 이에 따라 차이가 날 뿐이라고 생각한다.

문제는 어린이를 위한 그림이든 어른을 위한 그림이든 그 작품이 고유의 리듬과 서정을 지니고 의미를 전달했느냐에 달렸을 것이다. 과연 내가 그린 그림이 작품성이 있느냐 하는 것은 객관적인 평가의 문제이니 나로서는 입을 다물고 있는 것이 좋을 것 같다. 하여간 나는 나의 정서와 리듬을 내 나름대로 표현하는 그림을 그리고 있다고 여긴다

그래서인지 설명적이며 동적이고 관념적인 것으로 고집을 부리게 되고 그러다 보니 어린이를 위한 그림인지 어른을 위한 그림인지 잘 구별이 안 되는 그림을 그리게 되는가 보다.

내가 어린 시절 대문 밖을 나가면 "봉남이네 어린아이 감기 걸렸네 에이 취!" 하고 동네 아이들이 노래를 불러서 그것이 싫었으나 커가면서 어린아이들을 유난히 좋아해서 주일학교 반사 할 때는 항상 "봉남이네 어린아이 감기 걸렸네 에이취!" 하고 노래를 불러주었다. 길을 가다가도 어린아이를 보면 그냥 지나가지 못했다. 항상 주머니 속에 껌이나 사탕 같은 것을 넣고 다녔다. 울고 있는 아이나 놀고 있는 아이를 보면 한 번이라도 더 보거나 미소를 지어보는 것이 유일한 즐거움이었다.

시간이 있으면 이웃 유치원이나 탁아원 같은 곳을 지나갈 때 기웃거리며 아이들을 구경했다. 그래서인지 방정환 선생님이 만든 어린이 단체인 색동회에서 활동하였다.
고아원이나 초등학교 또는 어린이 행사에도 꼭 참여했고 우

여기보세요! 치~즈 캔버스 유채 72.7×60.6 **서봉남作**

리 아이들이 학교에서 운동회를 한다든지 무슨 행사가 있으면
카메라를 들고 잘도 쫓아갔다. 그러노라면 나도 어린아이마냥
즐겁기만 했다.

요즘에는 과자 대신 그림엽서를 주머니에 넣고 다닌다. 귀여운 아이들에게 주기 위해서이다. 몇 년 전 개인전시회 때는 아이들을 위한 전시회를 했었다.

전시장 입구에 풍선을 수백 개 불어 달아 놓고 아이들에게 한 개씩 나누어 주고, 조금 큰 아이들은 미술연필을 한 자루씩 나누어 주었는데 얼마나 좋아했는지 모른다. 나는 어린이를 그리기 위해서 친구 유치원에서 2년 동안 어린들과 같이 뒹굴면서 스케치를 하기도 했다.

아이들은 너무도 순수하고 소박하다. 그래서 어린이 그림을 많이 그려서 동심 화가로 알려졌다. 매년 5월이 되면 각종 미술관에서 전시 초대를 해주었고, 어린이 신문이나 잡지에서도 소개되어 무척 바쁘기도 했다.

지금도 가끔 어린이 모임에 가면 "봉남이네 어린아이 감기 걸렸네 에이 취" 하고 노래를 불러준다. 그리고 같이 즐거워한다. 이제 내 나이 마흔을 바라보는 오늘에도 어린아이 마음은 그대로 남아 있다.

내 나이 쉰, 예순이 넘어도 마음만은 어린이 그대로 그림을 그리면서 어린아이처럼 남아 있을 것이다.

 －에세이 (6) －

찬란한 삶의 빛깔들

밖으로 나오면 길과 건물들, 자동차의 물결, 교통 신호등, 가로수,
사람들의 얼굴빛과 색색의 옷차림, 그리고 거리에 즐비한 간판들,
시골로 가면 초록빛들, 아름다운 색색으로 아롱진 꽃잎들……

사람은 저마다 빛깔을 보는 눈을 가지고 있다. 빛깔을 보는
눈이 없다면 인간에게는 아무런 감정도 움직이지 않을지도 모
른다. 그만큼 인간에게 있어 빛깔이라는 것은 공기처럼 가까
우면서도 느끼기엔 먼 생활의 일부이다.

아침에 눈을 뜨면 제일 먼저 발견하게 되는 것이 빛깔이다.
주위의 모든 사물들이 우선 빛깔이 되어 눈으로 뛰어든다.
그것은 물건이 아니라 빛깔인 것이다. 커텐의 색채, 꽃병의 빛
깔, 책상 위의 책꽂이, 식탁 위에 놓인 여러 가지 기물의 빛깔
에서부터 음식물의 빛깔까지 다양하다.
옷, 구두, 악세사리, 그 밖의 모든 것이 색깔로써 우리에게 삶
이라는 동선을 재촉한다.

밖으로 나오면 길과 건물들, 자동차의 물결, 교통 신호등, 가로수, 사람들의 얼굴빛과 색색의 옷차림, 그리고 거리에 즐비한 간판들, 시골로 가면 초록빛들, 아름다운 색색으로 아롱진 꽃잎들……

우리들 존재의 공간은 색채가 아닌 것이 없다. 모든 것은 빛으로 보여지는 색채이고 보면 인간의 눈이란 자신의 삶을 이끌어 나가는 아주 소중한 근본 요소가 된다는 것이다. 만약에 빛깔이 없었다면 우리 인간은 만물의 영장도 될 수 없었으리라. 눈이 없어 빛을 보지 못한다면 결국 촉각동물들처럼 더듬거리며 살거나 냄새에만 의존하거나 또는 소리에만 의지해야 하는 참으로 불편한 존재여서 발전력, 생존력, 기동력 등의 기능이 미미한 동물에서 더 이상 발전할 수 없었으리라.

다행히도 우리는 육안으로 모든 빛깔을 구별하며 살고 있으며 그 빛깔에 의하여 보다 풍부한 삶의 의의를 찾을 수 있다.
우리는 이제 육안뿐만 아니라 심안의 눈부신 자기 성찰을 위해서 지구상에서 가장 뚜렷한 존재가 되었고, 지극히 고도로 발달된 삶을 이끌어가는 생존자가 되었다.

이 지구상에는 많은 나라가 있고 그 나라마다의 풍토에 따라 색채를 가지고 있다. 가까운 중국의 색채를 보자. 중국의 건축물이나 회화 등에서 보여지는 색채는 적색, 군청색, 황금색이

많이 나타나고 일본에는 청색, 분홍색, 보라색 등 2차 색을 많이 쓰고 있다.

우리 한국의 색은 어떤가. 진갈색(기후색), 황토색(지형색), 백색(민족의 심상색)이 주를 이루고 있다.

아름다움을 향한 의지는 사람의 본성이고, 그 아름다움의 기준은 빛깔로부터 시작되기도 한다. 아침에 거리에 나서면 피부에 부드럽게 와 닿는 싱그러운 아침 햇살, 대낮의 작열하는 태양의 눈부심, 눈과 가슴에 낙인 찍힌 듯한 저녁노을의 인상적인 빛깔들, 밤이 오면 어둠 그리고 그 어둠 속에 색색으로 아로새겨지는 무늬, 눈을 감으면 마음의 빛깔들이 홍수처럼 밀려든다. 꿈을 꾸며 기억의 샘이 내 무의식의 빛깔로 하여금 옛 것을 되살려내게 하고, 갈 수 없는 곳으로 나래를 펴게 한다.

그 찬란한 빛깔들이........

◀ **태국인상** 캔버스 유채 91.0×72.7 **서봉남作**

이국적인 정취가 물씬 풍기는 전쟁이 한 번도 없었다는 타이, 수도 방콕은 세계적인 물의 도시 타이의 문화와 상업의 중심도시, 수로가 많아 수상시장이 잘 발달되어있다. 가난을 탓하지 않은 낙천적인 국민성이 돋보인다는 타이, 에메랄드 사원과 같이 어울려있는 챠크리 왕궁 궁전, (작품– 수상시장, 민속무용, 챠크리 왕궁, 에메랄드 사원, 절과 스님, 코키리 등)

—에세이 (7) —

개구쟁이 옛 친구에게

여름이면 중랑천에 가서 수영하고, 가을이면 태능까지 달려가 배 따먹던 추억들이 한 철도 거르지 않고 주마등처럼 뇌리를 스칠 때마다 나는 다시금 그 어린 시절로 돌아가고 싶은 충동에 사로잡히곤 한다네. 이제는 흘러간 먼 옛날이 되어버렸네.

사랑하는 친구여

그 옛날 우리에게도 장난꾸러기 어린 시절이 있었지. 그런데 지금은 나이 들어 아이들의 아버지, 어머니가 되어버렸으니 정말 세월이 유수와도 같군. O형, 친구야! 아니 개구쟁이 짱구야! 이게 부르기가 더 편하군. 자네는 지금 몇 남 몇 녀의 아버지가 되었는가?

나는 남매를 두었다네.

우린 어릴 때 정말 남 못지않은 개구쟁이였었지(사실 나는 너만 따라다니던 겁 많고 얌전한 아이였었지만). 지금도 간혹 생각나는 이야기들 모두가 어른이 되어서 겪은 일들보다는 자네와 개구쟁이 짓하던 생각들뿐이라네. 참외서리 하던 시절, 참

외밭에 몰래 기어들어 갔을 때 긴 장대를 휘두르며 뒤쫓던 영구네 어르신 생각이 간절하네. 매미채 들고 뒷산을 헤매던 일이며 중랑교 개울가에 나가서 삼태기와 싸리나무 소쿠리를 들이대고 잔챙이, 피라미, 올챙이, 방개들을 잡던 일이 엊그제 같네. 봄이면 딸기밭에 가고, 여름이면 중랑천에 가서 수영하고, 가을이면 태능까지 달려가 배 따먹던 추억들이 한 철도 거르지 않고 주마등처럼 뇌리를 스칠 때마다 나는 다시금 그 어린 시절로 돌아가고 싶은 충동에 사로잡히곤 한다네. 이제는 흘러간 먼 옛날이 되어버렸네.

아이들이 벌써 그 같은 기억 속의 주인공이 되고 보니 개구쟁이 짓하면서 불평하는 아이들의 일이 남의 일 같지 않아 나로 하여금 옛날로 빠져들게 한다네. 우리는 그 옛날과는 아주 다른 시대, 단순히 문명이 발달된 시대가 아니라 인간으로서의 '올바른 방법'을 가지고 살아가야 하는 시대에 살고 있는 만큼 이제는 어린 자식에 대해서도 그들의 불만을 소상하고 섬세하게 듣고 해소시켜 주는 일에 진실과 애정으로 임해야 하겠다는 생각이네.

아마 자네도 마찬가지라고 믿는 바이네.

어린 아이들에게는 꿈이 있지. 그것도 무한히 크고 맑은 꿈이 있지. 물론 어른들에게도 꿈이 있지만 어른들의 꿈은 맑지 못하다는 데 근본적인 차이가 있는 것 같다네. 아이들의 꿈은 순하다는 데 근본적인 차이가 있는 것 같다네. 아이들의 꿈은 순수하고, 큰 것 같으면서도 크지 않고, 작은 것 같으면서도 작지

않지. 아이들의 꿈은 인간의 본성에 주어져 있는 꿈이기에 아름답고 밝고 끝없이 순수하다네.

나는 영웅이 될래!

나는 학자가 될래!

나는 군인이 될 거야!

나는 목사가 될 건데!

나는 선생이 될 거야!

나는 냉차 장수 해서 달고 시원한 것 실컷 마실 테야!

그리고 너도 주고 말야!

나는 인형 나라의 영웅이 될래!

나는 동화 나라의 병정이 될 건데?

나는 네 시녀가 되어 줄게!

나는 동물 나라에 가서 살 거야!

장가가는 날 캔버스 유채 121.2×145.4 **서봉남作**

나는 저 구름 타고 나는 사람이 될 거야!

나는 엿장수가 될 테야!

아이들의 꿈은 이렇게 티가 없고 어떤 계산도 없다네.

그저 순간순간 생각나는 대로 꿈이 되는 것이지!

아무튼 아이들에게 즐거운 생활공간, 티 없이 맑고 밝고 푸르게 뻗어나갈 수 있는 삶의 터전을 마련해주고, 우리가 받아온 것처럼 끝없는 사랑을 베풀어야 할 걸세!

그리하여 놀이터와 공해 없는 환경 그리고 정신적인 교양과 올바른 생활습관을 함께 갖추어 그릇됨이 없는 전인교육에 힘써야 할 나이와 처지가 되었다는 것을 잊지 말고, 서로가 어버이 되었다는 책임으로 지혜로운 '개구쟁이 대책'을 마련해 보세. 이만 줄이네.   봉남이가.

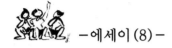
— 에세이 (8) —

모티브를 찾아서

체념 반 위안 반으로 굳어진 물감 위에 다시 물감을 짜고 서서히 붓
에 힘을 주어 그리기 시작한다. 물감의 아름다운 빛깔이 캔버스 위
에서 반짝인다. 이제는 붓이 잘 나가 그림이 잘될 것 같다. 아름다
운 색채를 찍어 화폭에 옮기니 비로소 소박한 기쁨이 고인다.

  이젤 앞에 자세를 바로잡고 앉아 하얀 캔버스를 바라보며 한
참을 망설임은, 소설가가 원고지를 앞에 두고 담배를 먼저 꺼
내 물고 불을 붙이고 뿜어낸 연기를 바라보는 망설임이나, 연
주자가 연주하기 전에 피아노 앞에 앉아 손을 비비는 모습과
비슷할 것이다.
  의자가 불편할 까닭도 없겠지만 앉은 채로 몸을 움직여 의자
의 상태를 점검해 보거나 팔레트에 짜진 물감의 상태를 재확
인해 보고 왼손에는 팔레트, 오른손에는 붓을 든다.

  이제는 그리기만 하면 된다.
  유난히도 커 보이는 하얀 캔버스가 나를 노려보는 것 같다.
캔버스와 나의 눈이 마주치자 은근히 겁이 난다. 망설이던 나

는 살며시 붓과 팔레트를 다시 놓는다. 내가 담배를 피운다면 담배를 꺼내 물 것이나, 그렇지도 않다. 안방의 텔레비전은 이미 꺼졌고 초등학생인 아들과 딸이 곤히 잠들었고, 아내의 꿈틀거림을 보니 아마도 가벼운 꿈을 꾸고 있는 모양이다.

나는 발을 의자 밑 턱에 얹고 두 팔을 들어 손으로 머리 뒤통수를 받치고 반좌 반와의 자세를 취해 본다. 너무나 눈에 익은 내 화실 안을 새삼 둘러본다.

손을 뻗으면 언제나 잡을 수 있는 거리에 물감 튜브들이 무질서하게 놓여 있다. 온 방을 채운 완성된 그림과 미완성된 그림들이 지저분하게 걸려 있고 세워져 있다.

나는 자세를 바로잡고 이젤을 대한다.

그러나 가벼운 흥분이 좀체 가시지 않는다. 그것은 아내와의 대화 속에서 우연히 튀어나온 한마디가 나의 귓전에 울려 마치 몽롱한 취기의 구름을 헤치고 무슨 천계(天啓)와도 같이 나의 영감의 문을 두드린 것이었다. 농촌의 아름다운 정경이 머릿속에 구상되고 있었고, 동화 속의 어느 풍경이었다. 내 딴엔 가벼운 흥분을 가누지 못하고 구상에 구상을 거듭하고 머릿속에서 정리하여 막상 이젤 앞에 앉아 캔 아내의 천계의 한마디를 그때 그 자리에서와 같이 부활시켜보려 하였지만 애매 몽롱하기만 하다. 마치 산상의 부활기도와도 같이 예수님의 말씀은 잡힐 듯이 잡히지를 않는다. 나는 별수 없이 미리 펴놓은 잠자리에 코를 박고 잠이 든다.

이렇게 해서 세워놓은 빈 캔버스는 주인이 한 점도 그려 놓지 않은 그림을 그려주기만을 기다리며 며칠이고 이젤 위에 놓인 채 빛이 바랠 때가 있다.

며칠이 지난 어느 날 새벽.

문득 생각이 나서 다시 이젤 앞에 앉았지만 여기서부터 다시 악전고투가 시작된다. 밤도 아니고 낮도 아니고……

이렇게 해서 체념 반 위안 반으로 굳어진 물감 위에 다시 물감을 짜고 서서히 붓에 힘을 주어 그리기 시작한다. 물감의 아름다운 빛깔이 캔버스 위에서 반짝인다. 이제는 붓이 잘 나가 그림이 잘될 것 같다. 아름다운 색채를 찍어 화폭에 옮기니 비로소 소박한 기쁨이 고인다.

◀ **동심-낑! 낑!** 캔버스 유채 91.0×72.7 **서봉남作**

여러분 어르신네들, 어려서 소시쩍에 씨름 깨나 해 보셨겠지요. 이런 말투 써서 안됐지만, 우리는 〈씨름〉이라는 게 있었다는 걸 까마득히 잊고 있었다. 씨름은 싸움이 아니라 겨룸이고, 다투는 것도 아니라 재미나는 놀이며 운동이다.

야 이놈아!/ 버쩍 들면 어떡해?/ 낑! 낑!/ 어떡하긴 어떡해/ 금 밖으로 내던지는 거지/ 아쭈아쭈! 내가 던져질 줄 알구/ 어림도 없다 어림없어/ 낑! 낑! 야! 신난다./ 조금만 더! 조금만 더!/ 철수가 이길 거야!/ 아니야 택구가 이겨!

씨름은 그토록 밝은 우리들의 대화이다. 너와 내가 맞붙어 몸뚱아리와 몸뚱아리가, 그리고 피부와 피부, 냄새와 냄새, 정과 정이 맞붙어 젖줄처럼 흐르는 따스함이 있다. 작가 서봉남은 그러한 정겨움을 말해주려고 낑!낑! 거린다. 작품에는 아무렇게나 직직 그은 붓질로 씨름판이 그려지고 아이들의 얼굴이 빨갛게 홍조를 이룬다.

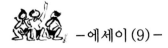

마술사 같은 우리 집

예전에는 서로 등을 맞대고 일하던 때보다 이제는 서로 얼굴을 맞
대고 일할 수 있게 되어서 오히려 잘된 일이라고 생각해 본다. 나는
오늘도 추상화 그려진 물감 묻은 양복을 걸치고 즐겁게 출근한다.
내일을 위해

우리 집은 용도가 다양하고 설계가 잘된 편리한 집이라고 나
는 항상 생각하고 있다. 직장에서 퇴근을 하면 먼저 아이들 방
으로 들어간다.

아이들은 방이 좁다하고 장난감을 늘어놓고 두 남매는 열심
히 소꿉장난을 하고 있다. 장난감을 정리하고 나면 그 방이 바
로 우리 안방인 것이다.

내가 옷을 벗어 걸고 앉으면 아내가 밥상을 들고 들어온다.

이때는 안방이 식당으로 변한다. 조금 후에는 그 방이 나의
서재이자 화실이 된다.

그러니까 네모진 우리 방의 구조는 남쪽 벽은 나의 서재이자
화실이고 동쪽 벽은 아이들의 오락장이자 공부방인 셈이다.

북쪽 벽은 아내의 살림이 놓인 안방이다. 손님이 왔을 땐 우리 방은 응접실로 변하고 저녁이 되면 침실이 되는 것이다.

우리 집은 이렇게 편리하고 용도가 다양한 저택(?)이다. 어떤 급한 때는 화장실로 변모하기도 한다. 오순도순 온 가족이 자기의 위치에서 자기 맡은 일을 할 때는 웃음으로 꽃을 피운다.

이렇게 편리하고 좋지만 어떤 때는 짜증나고 불편한 때도 있다. 주로 저녁에 그림을 그리는 나로서는 괴로울 때도 있다.

그림을 그릴 때는 물론 내 방인 남쪽 벽에서 그린다.

그림을 그리고 말리기 위해 내 방 벽 쪽으로 세워 놓는다. 요란스런 아이들이 움직일 때마다 옷에는 울긋불긋 물감 칠을 한 추상화가 그려진다. 그럴 때 나는 조심하지 않는다고 소리를 높인다. 물론 아이들도 장난감을 늘어놓고 그 장난감이 침범당하지 않도록 경계한다.

내가 내 방에서 한 치만 움직이면 아이들 장난감이 망가지는 것이다. 그럴 땐 아이들도 이때다 생각하고 나에게 큰 소리로 공격해 온다.

그런데 어느 날 나는 아이들 방인 동쪽 벽과 북쪽 벽까지 신세를 지지 않으면 안 되게 되었다.

이번에 첫 개인전을 끝내고부터이다. 그동안 그림들을 액자에 끼우지 않은 캔버스였을 땐 벽 쪽으로 잘 쌓아 놓기 때문에 내 방만으로도 충분했는데 개인전이 끝나자 그 그림들이 액자

를 둘러 부피가 대문짝만큼씩 커져 가지고 집으로 돌아온 것이다. 백 호짜리 경우에는 내 방 벽 쪽을 모두 차지할 정도가 되었다. 그래서 나는 아이들과 아내를 볼 때마다 눈치만 살피게 되었다. 다양하던 우리 방이 한 가지 더 늘어 이번에는 크고 작은 그림들이 벽을 꽉 채운 전시장이 되었다.

아이들 방은 다행히 방 복판으로 옮겨와 상을 펴고 공부를 한다.

예전에는 서로 등을 맞대고 일하던 때보다 이제는 서로 얼굴을 맞대고 일할 수 있게 되어서 오히려 잘된 일이라고 생각해 본다. 나는 오늘도 추상화 그려진 물감 묻은 양복을 걸치고 즐겁게 출근한다. 내일을 위해서.......

◀ **인도 인상** 캔버스 유채 91.0×72.7 **서봉남作**

과거와 현재, 생과 사, 자연과 과학, 동물과 사람들이 어울려 사는 곳 인도, 5천 년의 유구한 역사를 가진 나라, 다양한 종교(힌두, 이슬람, 조로아스터, 자이나, 불교 등)들이 함께 융화된 세계적인 문화 유적들로 가득한 곳, 마치 시간이 멈춰 버릴 듯한 인도는 삶과 죽음 그리고 행복과 슬픔이 함께 공존한 신비로운 나라. (작품─바라나시, 바람궁전, 타지마할, 카쥬라호 조각, 인도인의 생과 사 등)

-에세이 (10) -

동반 외출

이 작은 여행으로 인해 억눌렸던 가슴에 청량한 몇 줄기의 바람이
불어와 생활의 찌꺼기를 날려 보내고 있음을, 비록 흡족하지는 않
지만 오랜만의 부부동반 외출을 통해 새삼스럽게 사랑을 확인하고
있음을. 자동차는 신나게 달리고 아내와 나는 마주 잡은 손에 힘을
주었다.

한번쯤은 서울을 벗어나고 싶었다. 그런데도 마음만 앞설 뿐
실천으로 옮기기란 그리 수월한 일이 아니었다. 그동안 나는
바쁜 일들에 묶여 먼 곳으로 나들이할 형편이 못 되었다.

그러던 어느 날 기회가 온 것이다. 경기도 이천에서 도자기를
굽기 위해서였다.

아내와 함께 실로 오랜만에 나들이를 떠나게 되니 마치 어린
이처럼 마음이 부푸는 것이었다.

마장동에서 시외버스를 탔다. 잠시나마 일상을 벗어나 버스
에 몸을 실으니 긴장이 풀리고 머리가 맑아지는 것 같다.

차창 밖으로는 산과 들이 지나간다. 그리고 하늘과 강도 지나
간다. 하늘은 끝없이 맑았고 둥둥 떠다니는 구름조차도 풍
성함을 안겨주는 것이었다. 몇 십 년씩 되었으리라 짐작되는

길가의 가로수들은 꿋꿋이 서서 그 아래로 일제히 그림자를 던진다. 어린 시절 뛰놀았던 개울가 비슷한 곳에서는 그때의 나만한 아이들이 옹기종기 모여 놀고, 구김살 없이 건강한 표정으로 물과 들과 한 몸으로 어울려 있는 풍경은 콧날을 시큰하게 할 지경이었다. 순간 차에서 뛰어내려 소리치며 그곳으로 향해 달려가고 싶어진다.

 세월은 흘러 어느덧 스무 해, 서른 해가 지났지만 아직도 유년시절은 저만큼 눈앞에 보이는 듯 변하지 않고, 잡힐 듯 알 듯 앞에 펼쳐져 있다. 잔뜩 풍경에 도취해 있던 나는 옆에 앉은 아내를 돌아본다. 아내도 차창 밖을 내다보며 행복해 하는 표정이다.
 그 모습을 본 나의 마음은 뭉클해졌다.
 토실토실하고 건강했던 모습은 어디로 가고 이제는 창백하고 야윈 얼굴에 잔주름이 서려 있다. 아내의 얼굴을 바라보니 측은한 마음이 들면서 한편 감사와 사랑이 앞선다.

 내가 아내와 결혼한 지도 벌써 십 년째, 지난 십 년 동안 아내는 두 아이를 낳아 길렀고, 사 년 동안을 위장병으로 고생을 하면서도 불평하지 않고 나와 두 남매를 위해 열심히 헌신해 왔다. 가난한 화가에게 시집왔으나 투정 한번 없이 어려울 때는 기도해주며 위로해주었고, 사랑으로 이해를 아끼지 않았다.
 이제 아들 명근이는 열 살이 되었고 딸 수진이는 여덟 살이 되었다. 아내는 지난 십 년 동안 장하게 살아왔다. 앞으로도 이십 년, 삼십 년, 육십 년, 아니 백 년을 용감하게 살아갈 것이다.

10년 전 결혼 때는 제주도를 가고 싶어 했다. 결혼 10주년 때에는 제주도에 가자고 약속을 했으나 아직도 생활에 쫓기다 보니 약속을 지키지 못했다. 내년에는 꼭 이행하리라 다짐해 본다. 그러면서 나를 위해 고생을 마다 않던 아내의 거친 손을 살며시 잡았다. 아내는 말없이 미소로 답한다.

차창 밖을 내다보는 표정이 무척이나 평화스러운 얼굴이다. 아내는 분명히 알고 있다. 이 작은 여행으로 인해 억눌렸던 가슴에 청량한 몇 줄기의 바람이 불어와 생활의 찌꺼기를 날려 보내고 있음을, 비록 흡족하지는 않지만 오랜만의 부부동반 외출을 통해 새삼스럽게 사랑을 확인하고 있음을.

자동차는 신나게 달리고 아내와 나는 마주 잡은 손에 힘을 주었다.

보라색 풍경 캔버스 유채 53.0×45.5 **서봉남作**

이 작품은 수평과 수직 구도로 십자가를 연상케 하는 풍경이다. 일렁이는 포름과 방사상 혹은 방향 지워지지 아니한 붓 터치에 의해 격동적인 화면이 만들어지며, 보라색과 노란색의 보색대비, 그 보색대비를 찬찬히 눌러주는 시각적 완충지역으로서 파란 하늘과 강, 그리고 음영의 짙은 갈색으로 분석되어진다. 전체적인 터치가 마치 날아갈 듯한 경쾌한 붓놀림에 의해 구성되어짐으로 화면은 마치 공중을 향해 나래를 펴는 새의 날갯짓을 닮았다. 이것은 보색대비와 날아갈 듯한 십자가형 화면구성을 차분하게 눌러주는 교회와 아이들과 조화시킴으로써 갈등을 통한 질서에의 추구라고 말할 수 있을 것이다. 저 멀리에서 환한 빛이 서서히 밝아오는 시선이 어떤 환상적인 세계를 암시하는 화면으로 바뀐다는 데에서 그 포인트를 찾을 수 있다.

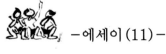 —에세이 (11) —

최선을 다할 때

물질에서 찾는 행복, 사랑 속에서 찾는 행복도 아름답지만 자기 자신의 정신세계를 발산하는 행복, 나에게 주어진 것에서 최선을 다할 때 내 마음 속 깊은 곳에서부터 강한 행복이 밀려나올 것이다.

결혼하여 새로운 살림을 시작하면 살림이 한 개씩 늘기 시작한다. 세월이 흘러 아들딸을 기르면서 정말 무섭도록 살림이 늘어만 간다.

온갖 복잡한 물건들, 종류가 너무나도 다양해진다. 그렇지만 어느 한 가진들 버릴 수 있을까?

이 땅에서 살아가자면 너무나 많은 물건들이 필요하다.

장롱, 찬장, 책장, 냄비, 그릇, 수저, 옷, 구두, 우산, 볼펜, 책, 라디오, 텔레비전 등등 일상생활 속에서 거의 필수불가결한 물건들이다.

알뜰히 모은 돈으로 물건을 새로 장만했을 때의 행복감, 이런 물건들이 생활의 편의를 위한 방편이 되기도 하지만 때론 삶을 부축해주기도 한다.

풍경 캔버스 유채 53.0×45.5 **서봉남**作

　결혼을 하고 십 년 하고도 반이 넘으니 필요로 하는 물건들이 더욱 많아지게 되었고, 그 많은 것들은 그만큼 생활의 규모가 커졌다는 의미도 된다. 누구나 많은 물건들을 갖고 싶어 하고 사들인다. 그 물건들은 곧 삶을 살아가는 데 힘을 상징하기 때문이기도 하다.

　세상에서 가장 무서운 것은 살림이라고 들은 기억이 난다. 호랑이를 쫓으면 달아나기라도 하지만 살림이란 쫓을 수도 버릴 수도 없다고 한다.

　그 많은 물건들은 우리의 삶을 살찌우고 편하게 그래서 즐겁고 행복하게 하려고 만들어진다. 그러나 어떤 때는 그것들이 우리를 위해 있다기보다는 우리가 그것들을 위해서 있는 듯한 느낌이 들 때가 있다.

옛날이야기 속에서나 사극 영화 같은 데서 이사 가는 장면을 보게 된다. 괴나리보따리 한두 개 정도 또는 낡은 농이나 궤짝 같은 퍽 구질구질해 보이는 때 묻은 이불 보따리나 물동이 같은 질그릇, 먼지와 때 묻은 우그러진 가방 같은 것들이 소등에나 지게에 얹혀가던 모습들이 생각난다.

오랫동안 이웃에 살던 정이 아쉬워 떠나는 집, 보내는 마을 아낙네들이 행주치마에 눈물을 훔치며 아쉬운 이별을 하던 정경, 이렇듯 옛날의 시골살림들은 구수한 인심과 더불어 가난해도 행복한 풍경이었다.

어떤 사람들은 물건에서 행복을 찾으려고 애쓴다.

물건에 대한 애착과 욕심, 물건이 우리에게 던져주는 유혹, 물건을 많이 가질 때 자신감과 힘을 상상해 본다. 그래서 누구보다도 많은 물건을 소유하고 싶어 하고, 보다 고급 물건 속에서 행복을 찾으려 한다. 물건을 만들고 소유하기 위해서 땀을 흘리고 일하며 평생을 살아가기도 한다.

또 어떤 사람들은 사랑 속에서 행복을 찾는다. 사람과 사람은 인연과 우연으로 인간관계를 맺고, 사회생활 속에서 일어나는 갖가지 일들에 대하여 조화롭게 주고받는 사랑을 하며 사는 것에 행복을 찾기도 한다.

어떤 사람들은 음악의 가사를 생각하며 듣는 사람이 있고, 어편 이는 곡만 들으며 사는 사람이 있다. 가사는 형태, 즉 눈에 보이는 물체를 말하고, 어떤 사람은 곡, 다시 말하면 정신세계 (추상)를 보며 살아가고 있다.

형태의 세계는 밖에서 안으로 들어오는 행복이고, 추상의 세계는 안에서 밖으로 나가는 행복이라고 볼 수 있겠다. 밖에서 부터 나에게 접근해오는 행복이란 물질을 말하고, 나에게서 밖으로 나가는 행복이란 창조에서 오는 것이다. 모든 물건들은 사람들이 만든 것이다.

즉, 맨발은 하나님께서 만든 그대로이지만 구두는 인공적인 것이다. 사람이 만든 물건 속에도 아름다움이 있고 행복이 있지만 어찌 하나님이 만든 아름다움에 비할 수 있을까?

국어사전을 보면 행복은 '심신의 욕구가 충족되어 조금도 부족감이 없는 상태와 복된 좋은 운수'라고 정의되어 있다.

외부에서 내면으로 와 닿는 행복보다 내면에서 외부로 발산하는 행복은 상대적이지 않고 영원한 행복일 것이다.

물질에서 찾는 행복, 사랑 속에서 찾는 행복도 아름답지만 자기 자신의 정신세계를 발산하는 행복, 나에게 주어진 것에서 최선을 다할 때 내 마음 속 깊은 곳에서부터 강한 행복이 밀려 나올 것이다.

마음의 여행

사람들은 버스나 기차를 타고 갈 때 앞을 바라보며 앉는다. 미래를 계획하면서 살기 위해. 그러나 나의 경우는 오늘도 뒤돌아 앉아 계획에 없던, 상상도 못했던 풍경이 전개되는 것을 바라보면서 살아간다. 미래를 향해서······

사람은 혼자 뚝 떨어져 외톨이로 살 수 없나 보다.

외롭다거나 불편하기 때문만은 아니다. 어쩌면 산다는 것 자체가 만나 이야기하고 정을 나누는 것인지도 모른다. 아버지, 어머니로부터 물려받은 목숨을 잘 다루기 위해 먹고 입고 잠자는 것부터 걷고 달리고 팔다리 내뻗는 것까지 늘 정성 들여서 하듯이, 내가 자식에게 향한 사랑 또한 같은 것 같다.

사랑하는 법은 사람을 끌어안는 법이라고 가르쳤던 아들 명근이가 군대에서 첫 휴가를 왔다. 애송이였던 학생 시절 마냥 까불어 대던 아들이 이제 제법 어깨가 딱 벌어진 늠름한 군인이 되어 돌아왔다.

서로 따뜻한 손길 주고받고 정감어린 말 나누며 성큼 다가온 아들이 대견스럽다.

우리 네 식구가 저녁을 먹고 대학로로 바람 쏘이러 나갔다.

온 가족이 손에 손을 잡고 거닐며 행복감에 젖었다. 나는 지금까지 살아오는 동안 작은 기적을 많이 경험했다. 조건 없는 하나님의 사랑을 마음껏 받아 감사하며 걸어왔다.

몇 년 전, 그 해 여름의 휴가를 다시 한 번 떠올린다. 어느 큰 회사에서 전국 유명한 지역에 콘도를 지어놓고 각 분야의 예술가들 중 한 가정씩 초청하여 쉬도록 했는데, 화가 중에는 우리 가정이 선택되어 3박 4일 동안 편안히 쉬도록 모든 것을 제공해주었다. 딸 수진이는 당시 고등학교 3학년이어서 혼자 남아 공부하겠다고 하여서 집에 남겨두고, 대학생이던 아들과 아내 그리고 나 세 식구가 초대받아 갔다.

눈앞에 전개되는 전원 풍경들, 깨끗하고 정돈된 숙소, 창문 아래에 펼쳐지는 수영장, 뒤쪽에 잘 다듬어진 골프장……

아름다운 자연을 볼 때 행복했었다. 보잘것없는 생물이나 풀 한 포기까지도 태어나 자라고 살고 죽는 이야기, 씨 퍼트리고 새끼 낳는 생애가 거기 있고, 제멋대로 지내고 거저 살고 건성으로 지나가는 것이 아닌 분명히 정해진 그 길을 가고 있는 것을 보고 감동했다. 지금까지 아내와 같이 살아오는 동안 밤이 으슥하도록 대화를 많이 해보았지만 아들과 같이 우리 세 식구가 밤이 새도록 하늘의 별들을 바라보며 이야기했던 것은 처음 있는 일이었다.

내가 태어난 곳이 고향이라고 말하지만 지금은 시골도 도시로 바뀌어버렸기 때문에 고향이라는 말이 어울리지 않는다.

사계절의 변화가 있고 대자연 속에서 만물이 자연스럽게 펼쳐지는 곳이라면 그곳이 바로 고향이라고 생각한다.

가보지 않은 길과 오랫동안 가보지 못했던 곳을 가보는 것이 여행이라면, 새로운 느낌과 생각을 선물해주기 때문에 무엇이든 해볼 만하고 어디든지 가볼 만한 것이라고 생각한다.

여행은 놀고, 먹고, 마시고, 떠들고, 돈 많이 쓰고, 뽐내는 것이 아니라 풀잎 냄새, 온갖 울음소리, 어디서 날아오는지 모를 퀴퀴하고 매캐한 내음, 계절의 변화를 온몸으로 표현하는 산과 들, 도회지의 그 독한 바람을 맑게 하고 깨끗하게 해주는 숲과 계곡, 대자연의 신비와 하늘의 비밀과 사람과의 신비함이 어렴풋하게 느껴진다.

내가 지금까지 살아온 50생애는 감사의 생활이었다.

그동안 닥쳐온 큰 고비들도 그저 술술 풀려나가는 하루하루가 얼마나 감사했는지 모른다. 나는 아직 갖지 못했고, 세상에 있는 줄도 몰랐던 색다르고, 낯설고, 이상야릇한 것들이 많이 있는 자연을 보면서 경탄해 왔다.

내 마음속의 동화 공장에서 그림을 만들어낼 때에는 내가 어딘지 철학자 같기도 하고, 마술사 같기도 하고, 또 예언자 같기도 한 그런 생각에 행복해진다.

화가 피카소가 '상상하는 모든 것은 실재한다'고 했는데 나
도 그 말을 이해할 수 있다. 누가 나에게 세상에서 정말로 갖고
싶은 것이 무엇이냐고 물어본다면, 나의 머릿속에 떠오르는
것이 많지만 일단 정욕과 식욕과 변덕스러운 욕심 따위의 바
보 같은 생각들을 제쳐두고 더욱 뜻있는 하나님께서 주신 달
란트(미술) 쪽으로 대답할 것이다.

모든 사람들은 버스나 기차를 타고 갈 때 앞을 바라보며 앉는
다. 미래를 계획하면서 살기 위해. 그러나 나의 경우는 오늘도
뒤돌아 앉아 계획에 없던, 상상도 못했던 풍경이 전개되는 것
을 바라보면서 살아간다. 미래를 향해서.......

― 에세이 (13) ―

가족 이야기

나의 가족 네 식구는 항상 곁에서 살갗을 마구 뒤섞고 호흡하여 지
내다보니 느끼지 못했는데, 새삼 우리 가족을 조리개를 확대해서
들여다보니 새롭게 보인다. 항상 내 곁에서 어린아이처럼 애교 떨
며 자라던 개구쟁이 명근이와 수진이가 어느덧 어른이 되어 곁에
있잖은가. 놀랍다. 어느새 이렇게 커버렸단 말인가?

나는 하나님께서 인체 중에서 우리 몸을 감싸고 있는 살갗을
만들어주신 것을 감사한다. 얇은 살갗은 병균이 몸에 들어오
지 못하도록 막아주고, 땀을 내보내며 체온을 일정하게 유지
하는 일을 하며, 닿거나 아픈 느낌, 차고 더운 느낌, 딱딱하고
부드러운 느낌, 까칠하고 매끄러운 느낌, 그리고 물체의 크기
와 모양, 움직임 등을 살갗만으로도 느낄 수 있게 하신 것은 놀
라운 일이 아닐 수 없다.

나의 가족 네 식구는 항상 곁에서 살갗을 마구 뒤섞고 호흡
하여 지내다보니 느끼지 못했는데, 새삼 우리 가족을 조리개
를 확대해서 들여다보니 새롭게 보인다. 항상 내 곁에서 어린
아이처럼 애교 떨며 자라던 개구쟁이 명근이와 수진이가 어느
덧 어른이 되어 곁에 있잖은가.

놀랍다. 어느새 이렇게 커 버렸단 말인가?

1995년 봄에 명근이는 군에서 제대를 하여 다시 복학을 했고, 수진이가 벌써 대학을 졸업했으니......
그러고 보니 나의 아내이자 내조자인 아름다움을 뽐내던 순임씨를 만나 결혼한 지도 벌써 스물다섯 해, 은혼식이 있는 해가 되었다. 정말 세월이 빠르다.

봄 나들이
캔버스 유채 53.0×45.5 **서봉남作**

나는 어린 시절, 하나님의 사랑을 받으면서 꿈 많은 무지갯빛 동심의 세계 속에서 성장했다.
사람은 혼자 뚝 떨어져 외톨이로 살 수 없으므로 결혼을 하게 되었고, 지금에 이르게 되었다.
꿈 많고 들떠 있던 기억보다는 어려웠던 생활들이 주마등처럼 떠오른다. 나이가 차고 인생의 마디 마디와 고개를 넘어서다 보니 어느덧 세월이 흘러 모르는 사이에 해와 달이 수없이 넘어갔다.

나는 지난 20여 년 동안 미술만 생각하며 지내오다 보니 가정에는 소홀했었다. 특히 경제적인 면에서 더 그렇다.

그러나 아내의 눈물 어린 헌신과 내조, 봉사로 그 자리가 메워졌고 아이들이 스스로 자기 전공을 찾아 공부해온 것은 하나님의 축복이 아닐 수 없다.

가족은 벽돌이며, 그 벽돌 한 장 한 장이 쌓아 올려져 사회와 나라를 이루는 것이라고 누군가가 말했다. 생각해 보니 가족이 없으면 삶의 보금자리이자 사람들의 둥지와도 같은 가정이 없게 되고, 그러면 사회와 국가도 존재할 수 없다.

가족이야말로 최소의 사회이고 바로 그렇기 때문에 가정은 지상의 작은 낙원인 셈이다.

우리 가족이 빚어낸 삶의 이러저러한 모습과 이야기들이 역사를 이루고, 온갖 미담을 엮어갈 것이다.

기쁨과 슬픔도 바로 그 속에 있었고, 아름다운 세상을 만드는 원천도 우리 가족 속에 있으리라.

'호랑이는 죽어서 가죽을 남기고 사람은 죽어서 이름을 남긴다'는 말이 입에서 입으로 전해 내려오는 것을 보면 뭔가를 남기고 간다는 것은 의미가 있고 가치 있는 일일 것이다. 살다 간 흔적을 남기는 것은 어쩌면 하나님께서 우리에게 주신 명령이고 소망이고 기대인지도 모른다.

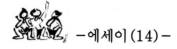

—에세이 (14) —

봄의 향기

수천 년을 살아온 우리의 마음도 곡선을 이루고 있다. 우리가 하나 님에게 물려받은 자랑스러운 자연, 우리 민족의 바탕은 전원과 강 산에 뿌리내리며 살아오고 있었다.

오랜만에 잠에서 깨어나 밖으로 나오니 푸른 하늘에 흰 구 름이 두어 송이 떠 있다. 구름을 바라보며 맑은 공기를 깊이 빨 아들여 시원함을 맛본다. 긴 장대를 두 손에 잡고 높은 하늘로 솟구치다가 마침내 손을 놓으면 포물선을 그리며 훨훨 날아간 다.

하늘에서 내려다보이는 우리의 땅덩이는 호랑이 등 무늬처 럼 곡선으로 펼쳐지고, 백두산으로부터 뻗어 내려오는 산줄기 들이 곡선미의 장관을 이룬다. 그 곡선들이 하늘을 날아 땅으 로 내려앉으면서 강줄기가 비단 폭처럼 흘러 마을마다 사람들 의 가슴마다 맥박을 이어준다.

기와집은 위로 곡선, 초가집의 지붕은 아래로 곡선미를 이루

고 기와집은 하늘 쪽으로 곡선을 이루고 수천 년을 살아온 우리의 마음도 곡선을 이루고 있다.

우리가 하나님에게 물려받은 자랑스러운 자연, 우리 민족의 바탕은 전원과 강산에 뿌리내리며 살아오고 있었다.

서양에서는 자연을 분류하고 분석하고 실험하는 태도로 접근했지만, 우리 선인들은 인간 모두를 스스로 자연 속에 포괄시키고 자연을 보호하고 자연과 조화를 이루며 자연을 예찬하면서 사는 민족들이었다.

겨울에 쌓였던 눈과 얼음이 녹아 콸콸 소리를 내며 바다로 향하는 시냇물, 이제 도시 환경에서 벗어나 전원을 찾고 넓은 들길을 걸어보자. 따사로운 봄 햇살이 눈부시게 내리쪼이는 그 길, 흙 내음을 맡으며 봄을 맛본다. 꽃향기 아름답고 어딘지 모르게 구수하고 정겨운 추억의 그 내음, 오순도순 인정이 넘치던 사랑방의 그 냄새, 쑥 내음에 가슴 설레며 봄 언덕에서 꽃바구니를 들고 꿈을 캐는 아가씨들,

버리려야 버릴 수 없는 추억들, 이런 것들은 분명 흙 속에 깊이 뿌리내린 정서의 정원이다. 자연은 참으로 위대하다. 겨울잠에서 깨어난 삼라만상에게 따스한 입김을 불어넣어주는가 하면, 봄은 우리 인간을 생명의 초록 빛깔로 수놓아준다.

◀ **아! 대한민국** 캔버스 유채 91.0×72.7 **서봉남作**

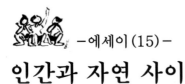

– 에세이 (15) –

인간과 자연 사이

화구를 메고 야외로 나가 그림 그릴 준비를 하고 앉아 앞을 응시했다. 하나님의 창조물인 자연은 가까이 확대해서 바라보면 모든 것이 살아 움직이고 무질서한 것 같았으나 멀리에서 바라보면 모두 곡선으로 안정된 평화로움을 주고 있었다.

내가 그림 그리는 전업 작가로 시작한 것이 엊그제 같은데 벌써 30년째다.

나는 비교적 늦게 화가의 생활을 시작했다. 학교에서 배우는 그런 공부가 아니라 나름대로의 체계적인 그림공부를 해야 했기 때문에 노력하지 않으면 안 되었다.

글을 쓸 때 서론, 본론, 결론을 쓰듯이 작품생활을 하는 나도 같은 과정을 밟아야 했다.

나는 피 끓는 서론기랄 수 있는 삼십 대에 나의 눈에 비친 강한 힘이 솟는 선과 색채가 나를 유혹하고 있었고 인간 속에서 발견한 하나님의 창조 행위, 이런 것들은 모두 나에게 감동을 주어 더욱 밀착시켜주는 계기가 되었다. 내가 3층 높이의 건물 속에서 창 너머로 내려다보았는데 그 아래에는 갑돌이와 갑순이가 지나가고 있었다. 15층쯤 다시 올라가서 내려 보니 그 아래에는 남자가 지나가고 여자도 지나가고 있었다. 30층으로 올라가서 내려 보니 자동차가 지나가고 인간이 지나가고 있었다. 나의 시야가 낮을 때에는 '과장님' '사장님' 하듯이 높고 낮은 계급의 수직선이 보였었는데 시야가 높아졌을 땐 수평선, 그래서 모든 인간은 평등하다는 것을 깨달았다.

나는 신과 나와의 관계를 더듬어가면서 동심 시리즈를 그려 왔다. 화구를 메고 야외로 나가 그림 그릴 준비를 하고 앉아 앞을 응시했다. 하나님의 창조물인 자연은 가까이 확대해서 바라보면 모든 것이 살아 움직이고 무질서한 것 같았으나 멀리에서 바라보면 모두 곡선으로 안정된 평화로움을 주고 있었다.

그리고 인간이 만들어 놓은 건물들이나 모든 과학물은 가까이에서 보면 생명이 없는 직선으로 질서 정연하게 된 것 같은데 멀리에서 보면 그렇게 무질서할 수가 없다.

그러나 하나님이 창조한 자연과, 인간이 만든 과학이 어울려 조화를 이루고 있는 것을 보며 그 속에 신과 인간이 어우러져 아름다움이 깃든다는 것을 알게 되었다.

지난 삼십 년 동안 열일곱 번 작품을 발표했고, 나는 자연적으로 자연과 인간에게 천착해가고 있었다.

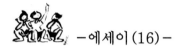

– 에세이 (16) –
내가 짓고 싶은 집

아름다운 호숫가의 양옥집보다 도심 속의 조그마한 집, 마을이 내려 보이는 언덕진 곳, 앞면에 커다란 창 너머로 하늘이 보이고 마을이 내려 보이며 사람들이 열심히 살고 있는 모습이 보이는 소박하고 담장이 없는 집을 지으면 좋겠다.

　'월간××주택'에서 '내가 짓고 싶은 집'을 써달라고 원고 청탁이 와서 집에 대해서 잠시 생각을 해보게 된다.

　지금까지 여러 모양의 집에서 살아왔지만 내가 살던 집들은 모두 나름대로의 특징과 독특한 추억이 서려있기 때문에 모두 잊지 못할 집들이다. 새삼 내가 짓고 싶은 집을 이야기하기에 앞서 지난날 어린 시절의 아름다운 꿈이 서린 집이 떠오른다.

　그 집의 대문을 열고 들어서면 앞과 옆으로 잔디밭이 넓게 펼쳐져 있고 오른쪽에는 기역자의 연못이 있었다. 정문에서 잔디 사이로 징검다리 돌멩이를 밟고 걸어가면 돌계단이 나타난다. 조금 걸어 올라가면 수많은 꽃나무들이 심어져 있고 꽃나무 사이로 우리 집이 앉아 있다.

하늘에서 내려 보면 'ㅁ'자 형의 집인데 'ㄷ'자로 마루가 있어서 세 방향으로 밖을 내다볼 수 있게 되어 있다. 오른쪽 'ㄱ'자 연못 옆에 아래채의 집이 있는데 윗채와 아래채 사이 연못 위로 구름다리 마루가 놓여 있었고, 연못에는 연꽃과 난초꽃이 많이 피어 있었던 기억이 새롭다.

나는 이 집에서 태어났고, 소꿉장난하며 유치원을 거쳐 초등학교 2학년 때까지 살았다. 지금 생각하면 어린 시절의 아름다운 추억으로 남아 있다.

지금 서울의 인구 중 60퍼센트 이상이 집이 없다고 한다. 나도 그 60퍼센트 사람들 속에 들어 있으니 외롭지 않고 앞으로 집 지을 꿈이 있으니 즐겁다.

내가 집을 짓는다면 우선 마술사 같은 집을 짓고 싶다.

우리나라는 땅이 좁고 나에게는 네 식구가 있으니 30~40평 정도면 되지 않을까? 어린 시절에 큰 집에서 살아 보았지만 지금은 나에게 분수에 맞는 적당한 크기면 좋을 것 같다.

아름다운 호숫가의 양옥집보다 도심 속의 조그마한 집, 마을이 내려 보이는 언덕진 곳, 앞면에 커다란 창 너머로 하늘이 보이고 마을이 내려 보이며 사람들이 열심히 살고 있는 모습이 보이는 소박하고 담장이 없는 집을 지으면 좋겠다.

우선 그림을 그리는 직업을 가졌으니 넓지도 좁지도 않은 화실 공간이 있어야 되겠고, 한쪽 벽면은 밖이 환히 내다보이고 한쪽 벽은 책을 많이 꽂아두고 또 한쪽 벽면은 그림을 걸어놓고 싶다.

아파트처럼 상자 속 같은 공간이 아니라 앞면 천장이 2층 높이로 높아야 될 것 같다. 거실에서 반 계단을 내려가면 부엌이 있고, 거실에서 절반 높이 한 층을 올라가면 작은 방 세 개에 잠자는 침실을 만들겠다. 거실 겸 화실은 모든 것이 해결되는 다용도 방이 되어야 할 거다. 손님이 오면 응접실로, 공부할 때는 공부방, 음악을 듣고 싶을 때는 음악 감상실이 되고, 미술관도 될 것이다. 연갈색의 시원한 봄의 향기, 생명의 빛깔인 녹색 여름, 기쁨의 색깔인 가을, 편안한 흰색의 겨울이 보이는 집, 거실 안에는 색채가 있고 소리가 있고 아름다운 향기가 있는 다목적 집을 짓고 싶다.

어린 시절에 살던 집은 그 외관이 아름다웠었으나 지금 성인이 되어 내가 짓는 집은 외관이 아름다운 집이 아닌 내면세계가 아름다운 그런 집을 짓고 싶다. 꽉 닫아놓고 혼자 사는 집이 아니라 열어놓고 누구든지 자유롭게 왕래하는 집, 도시 속에서 조그마한 예술작업에 몰두할 수 있는 집, 주어진 공간 안에서 행복하고 풍요로운 마음이 있는, 그런 집을 짓고 싶다.

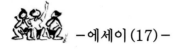

탈춤과 그림

우리 조상들은 자연현상에 순응하고 참아내는 곡선 민족이었다.
외래문명이 혼존한 지금 우리 것, 전통을 살리겠다는 노력이 가해
지는 것은 반가운 일이 아닐 수 없다.

    요즈음 텔레비전이나 신문 등에서 '우리 것' 또는 '전통'이
라는 단어를 많이 쓰고 있다. 나의 화실이 대학로 주변이어서
젊은이들이 즐기는 탈춤이나 풍물놀이를 자주 구경할 기회가
있었다. 나는 스케치북을 들고 그것들을 스케치하다가 새로운
것을 발견하고 살며시 붓을 놓고 말았다. 은은하고 구수한 우
리의 옛것이 과연 이것인가 의심스러워졌기 때문이다.

    우리 인간은 환경의 지배를 받는다고 한다. 일찍이 영국의 역
사가 토인비(Taynbee)는 '일류역사는 응전과 비전의 율동'이
라고 말했듯이, 인간은 환경의 굴레 속에서 적응과 극복을 되
풀이하고 이러한 과정 속에서 성격이 형성되어 왔다. 이처럼
환경은 인간의 성격 및 사상의 형성에 있어서 절대적인 영향
을 미쳐 개인과 민족은 나름대로 특성을 지니게 되어 온 것이

탈춤 캔버스 유채 53.0×45.5 **서봉남**作

서봉남의 작품 화면에서 주제가 화면의 대각선 중앙에 머무는 경
우는 없다. 만약 있다면 최소한 시각적으로 대각선 중심의 교차점
을 벗어난 위치에서 조심스레 자리잡을 따름이다. 이러한 조심스
런 화면에 대하는 태도가 화면에서 결과적으로 보여주는 것은 화
면 안으로 시선을 끌어들이되 전혀 부담스럽지 않게 보는 시각을
파고드는 밀집된 구조이며 이것은 서봉남 회화를 동심화라고 부
르는 이유에 대한 하나의 해명이 되어질 수 있다. 즉, 화면은 어떠
한 형태건 아기자기한 동화조의 톤을 가져 듣는 이의 귀를, 눈을
그리고 마음을 즐겁게 해준다는 것이다

다.

우리 한국인에게는 한국적인 사고방식이 있고, 중국인에게
는 중국적인, 영국인에게는 영국적인 사고방식이 나름대로 형
성되어 그것이 각자의 전통으로 이어져 온 것을 알 수 있다.

특히 우리나라는 지리적인 것 때문에, 다시 말해서 삼면이 바
다로 둘러싸여 있고 북쪽으로는 대륙과 인접해 있는 반도로서
북쪽에는 산악지대, 남서쪽에는 평야가 있는 지리적 조건에
영향을 받아 대륙적인 기질과 도서적인 기질이 혼재했고, 왜
적의 침략이 잦아 서로 협력하고 저항하고 인내하면서 강한
민족으로 길들여졌다.

우리나라는 사계절이 바뀔 때마다 그 특유의 아름다움을 드
러냈고, 우리 조상들은 자연현상에 순응하고 참아내는 곡선
민족이었다. 외래문명이 혼존한 지금 우리 것, 전통을 살리겠
다는 노력이 가해지는 것은 반가운 일이 아닐 수 없다.

그러나 옛것을 그대로 답습하려는 노력이 벌어지고 있음을
본다. 과거에 하던 것을 똑같이 해볼 필요도 없을 뿐 아니라 조
상들의 원형을 바꾸어서도 안 된다.

내가 어린 시절에 많은 마을사람들이 덩실덩실 춤을 추며 즐
거워했던 것이 기억난다. 소리와 리듬과 몸의 율동은 은은한
곡선으로 이루어졌었다.

우리나라에 처음 왔던 서양 사람이 우리 민족을 처음 본 인상은 흰 옷과 긴치마를 입고 발이 보이지 않아서 걸어갈 때 멀리에서 보면 유령이 가는 것 같아 보여 '한국은 유령 나라' 같다고 했단다. 조용한 우리 민족의 리듬을 아주 잘 본 것이라고 생각한다. 우리의 춤은 들뜨지 않고 차분하고 조용한, 마음을 가라앉혀주는 전통 춤이었다.

　젊은 세대인 대학가에서부터 우리의 민족 춤을 시작하여 활발하게 하는 것은 다행한 일이다.

　나는 부끄럽게도 내 나이 마흔이 넘어서야 우리의 실제 탈춤을 구경했다. 그것도 젊은이들의 춤에서……

　나는 탈춤을 그리기 위해 동작의 움직임과 가면의 의미를 생각하면서 스케치를 하였다. 탈, 그 속에 있는 고발과 광기 어린 폭발, 직선적이고 격정적인 점에 놀랐다.

　나의 짧은 소견으로 '이것이 과연 우리의 춤이었던가' 하고 반문해 보았다. 내가 어린 시절 아무 곳에서나 덩실덩실 어른들 따라 추던 춤은 이제는 전문가들만(춤을 배운 사람만) 출 수 있는 춤이 된 것 같다.

　물론 작년에 피었던 꽃이 금년에도 똑같지 않다. 작년 꽃의 빛과 향기가 그 전년과 다르듯이 금년에도 똑같을 수가 없다. 그러나 그 꽃의 이름과 목적은 작년과 금년에도 똑같듯이 우리 민족의 전통과 정신적인 것을. 은은하고 구수한 곡선의 우리 옛것을 찾아야 되지 않을까 생각해 본다.

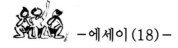

-에세이 (18) -

요즘 여자는 장미꽃

옛날의 여자를 꽃으로 비유한다면 가냘픈 코스모스라고 말하고 싶고, 요즈음 여자를 말한다면 이미 말했듯이 장미꽃이 아닌가 생각한다.

어느 잡지사에서 '옛날여자와 현대여자의 다른 점' 주제로 글을 써달란다.

결론으로 요즈음 여자를 꽃으로 비유한다면 먼저 생각나는 것이 장미꽃이다. 요새 흔한 말로는 남녀평등, 여성해방, 여성상위 시대라는 용어도 나온다.

옛날의 일이다. 내가 초등학교 다닐 때 우리 이웃집에 젊은 부부가 살고 있었다. 그 집의 남편이 매일 술에 만취되어 돌아오면 동네가 떠들썩하도록 부인을 두들겨 때리는 것이었다.
그 집의 아이들은 방구석에 쪼그리고 앉아서 무서워 벌벌 떨고 있던 모습이 지금도 선하다. 그 집 부인은 항상 얼굴에 시퍼렇게 멍이 들어 있었고 우리 어머니에게 울면서 하소연하는 것을 들은 것이 한두 번이 아닌 매일이었다. 어린 나의 마음에도 그 부인이 불쌍하여 눈물을 흘린 때도 있었다

우리나라의 옛말에도 있듯이 '여필종부(女必從夫)' '남존여비(男尊女卑)' 사상은 너무 가혹한 형벌이 아니었나 생각한다.

무조건 맹종해야 했고, 자기의 주장이나 발언권이 필요하지 않았고, 여자가 시집을 가면 좋으나 싫으나 그 집에서 귀신이 되어야 한다고 어른들이 말하는 것을 듣곤 했었다.

요즘에는 어떠한가. 텔레비전을 보면 연속극 내용에서 부부가 싸움을 하면 여자는 봇짐을 싸가지고 친정집으로 달려간다. 그리고는 가족들과 같이 이혼소동을 벌인다. 내가 어려서 듣던 부부 이야기와 지금의 부부 이야기는 하늘과 땅 차이다.

물론 나도 요즈음 여자들을 좋아한다. 똑같은 인간으로 태어나서 자기의 주장도 관철하면서 활발하게 용감하게 살아가는 것이 얼마나 좋은가.

지나온 과거 역사를 보더라도 큰 인물 뒤에는 항상 여자가 있었다. 체구가 비록 남자보다 작은 여자이지만 그 여자들이 큰 일을 해내는가 하면, 큼직하고 당당한 체격조건을 가지고 있는 남자라 할지라도 작은 일도 못하는 것을 종종 보아온다.

남자들은 체격적으로도 크고 큼직큼직한 물건을 좋아하지만, 자잘한 꽃무늬에 오밀조밀한 물건을 좋아하는 여자들이라

도 마음이 강하고 큰 것을 볼 수 있다. 다시 말하면 크고 웅장한 아름다움이 있는가 하면, 작고 섬세하고 가냘픈 아름다움도 있다는 말이다.

요즘 세상에서 크고 작음과 남자 여자를 가린다는 것은 잘못된 생각이 아닌가 생각한다. 무조건 맹종하는 시대는 이미 지났다. 이제는 서로 돕고 존중하는 그런 삶이 일반적인 시대가되지 않았나 생각이 든다.

그래서 옛날의 여자를 꽃으로 비유한다면 가냘픈 코스모스라고 말하고 싶고, 요즈음 여자를 말한다면 이미 말했듯이 장미꽃이 아닌가 생각한다. 또 색깔로 비유한다면 옛날의 여자는 원색이라 할 수 있고, 요즈음의 여자는 2차색이라고 말할수 있겠다.

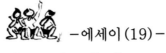

－에세이 (19) －

봉사와 청년

하나님께서는 청년들에게 무한한 가능성과 엄청난 가치성과 독특한 유일성을 주셨다. 만약 1억 원이 예금된 통장의 돈을 찾지 못하여 못 쓰고 있다면 얼마나 안타까울까?

온양에서 아산만을 이은 작은 길은 울퉁불퉁 자갈길을 가운데 끼고 양옆에 10여 호의 슬레이트 지붕과 초가집들이 납작 엎드린 마을로 통한다. 그 마을엔 인기척이 없었다. 마을사람들은 10리 밖에 있는 백석포 초등학교에서 무료 진료를 하는 날이어서 노인들은 모두 그곳에 가고, 건강한 젊은이들은 일터에 나갔고, 아이들은 모두 학교에 간 모양이다.

하늘은 저항 없는 푸르름을 무한히 펼치고 마을의 사방을 온통 에워싼 노오란 들판을 굽어보고 있었다.

백석포 초등학교는 몇 십 년은 되었으리라 짐작되는 버드나무와 소나무들이 진초록을 하고 묵직이 학교를 둘러 감싸주고 있었다.

뽀얀 길과 조그마한 운동장, 작은 교실 속에는 무릎에도 오지 않는 작은 의자에 궁둥이 끝만 걸치고 앉아 진료를 하는 의사와 환자들, 그을은 검정에 가까운 진갈색 피부, 무쇠 같은 손, 바늘이 들어가지 않을 듯한 강한 살결들, 연속 고개를 굽실하는 무표정한 그 얼굴들, 신기해서 교실을 들여다보는 사람들, 의사의 청진기를 보고 무서워서 울어대는 어린아이, 축 처진 앞가슴을 내어놓고 어린아이를 안고 있는 아낙네들, 지팡이를 짚고 세 발로 걸어오는 할머니, 리어커에 실려 오는 중환자들, 난생 처음 주사를 맞아 보았다는 할머니, 하얀 고무신, 곧 벗겨질 것 같은 검정색 고무신을 신고 연신 고마워하며 굽실하는 노인들…… 우리 의료진들은 모두 즐거워하며 정답게 대화한다.

나의 임무는 약을 나누어주는 일이다. 그리고 모두 가슴 뿌듯함을 느꼈다.

위의 내용들은 내가 소속하고 있는 봉사단체에서 무료진료하러 갔을 때의 소감이다. 봉사를 한다는 것은 참 삶을 맛볼 수 있는 좋은 기회이다.

'봉사'라는 단어를 사전에서 찾아보니 첫째로 남의 뜻을 받들어 섬김, 둘째 남을 위하여 자기를 돌보지 않고 노력함, 셋째 국가나 사회를 위하여 헌신적으로 일함이라고 쓰여 있다. 또 사전에 '청년'은 생리적, 정신적으로 모든 면이 현저하게 발달

봄소식B 캔버스 유채 53.0×45.5 **서봉남作**

두 개의 화면으로 구성되어 있는 풍경, 하나는 그림자가 진 어두운 전경, 그리고 하나는 중경의 어린이들을 포함한 원경으로서 화사한 풍경이다. 익명성의 풍경화에서 서봉남의 풍경화이기 위한 두 개의 시도로서 어린이들과 비현실적으로 크게 그려진 꽃들을 들 수 있는데, 여기서 어린이들이 화면구성의 직접적 표상으로서도는 화면의 초점으로 등장하고 있는 것이 특징이다. 아이들은 이제 막 밝고 화사한 봄 풍경에서 어둡고 그늘진 전경을 향하여 오르막을 오르고 있는 중이다. 여기에 어떤 상징적인 의미가 있을까 단지 동심에 젖은 동심화가답지 않게 화면 구성의 기교에서 화면의 짜임새를 밀도 있게 만들려는 조형의지가 엿보인다. 그러나 이 작품은 서봉남의 또 하나의 세계, 즉 그의 내면에 갈등을 이루고 있는 위기의식과 맞닿아 있는 부분이며 화면상의 위기를 색면 대비로 보여주고 있는 작품이다.

한 청춘기에 있는 젊은 사람이라고 쓰여 있다. 그래서 봉사와 청년은 떨어질 수 없는 연관성을 가지고 있다.

　푸른 청년시기에 봉사를 한다는 것은 의무이며 사명이 아닐 수 없다. 하나님께서는 청년들에게 무한한 가능성과 엄청난 가치성과 독특한 유일성을 주셨다. 만약 1억 원이 예금된 통장의 돈을 찾지 못하여 못 쓰고 있다면 얼마나 안타까울까?

　우리 청년들은 그 달란트를 놀리지 말고 사용해야 하고 봉사함으로써 참 삶의 맛을 알게 될 것이다.

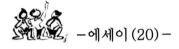

독서의 계절

이 가을을 놓치지 않으려면 무언가 읽기 위해 빈자리를 찾아야겠다.

10월이다. 또 한 장의 달력이 넘어간다.

시원한 여름바다 풍경이 들어 있던 그림이 단풍이 무르익은 가을 그림으로 바뀐다. 달력이 한 장 넘어가니까 제법 아침저녁으로 쌀쌀해지고 길거리 사람들의 옷차림이 바뀌었다.

가을이 되면 되살아나는 것은 '책을 봐야 할 텐데!' 하는 생각이다. 내가 책을 못 읽은 지 오래된 것 같다. 요즘 독서라곤 신문을 읽는 것이 고작이니……

머리맡 책장에는 책이 많이 꽂혀 있지만 손이 가질 않는다.

책 위에는 먼지가 쌓여 있을 뿐이다.

텔레비전에서나 라디오, 신문, 잡지 등에서는 너도나도 사람들이 말한다. 10월은 독서의 계절이며, 식욕의 계절이라고. 나는 지난해 가을, 아니 몇 년 전의 가을까지 독서를 못하고 바쁘게 시간을 보내버렸다.

온통 생활에 쫓기다 허송세월을 한 느낌이다. 낮에는 사무실에서 시달리고 퇴근 후는 집에서 아이들과 어울려 놀다가 밤 늦게야 그림을 그리는 일과였으니 시간적 여유가 없었다.

'그래도 독서는 해야 할 텐데' 하는 생각은 있으면서도 마음대로 되지가 않는다. 그렇다고 이런 식으로 계속 나간다면 금년 가을에도 책 한 권 못 읽고 보낼 것 아닌가.

8년 전의 일이다. 그때 나는 정말 독서에 미쳐 있었다. 그땐 신혼시절이었는데 서울 변두리 서대문구 끝인 남가좌동 모래내에 살고 있어서 종로5가에 있는 직장을 버스로 출퇴근 하였었다. 버스 속에서 보내는 시간이 4,50분 이상이 되었고, 다행히 종점에서 살았기에 버스에 자리를 잡고 앉아서 출근을 하곤 했었다.

그 시절 나는 차 안에서 책을 읽으며 출근을 하였는데 그해 1년 동안 버스 안에서 읽은 책이 전집 2질(30권)이나 되었다. 흔들리는 차 속에서 책을 읽기란 그리 쉬운 일은 아니었다. 처음에는 글자가 둘로 보이고 눈이 시려왔다.

그러나 자꾸 보는 중에 요령을 터득했다. 그때의 도로는 별로 좋지 않아서 차가 많이 흔들렸었다. 차가 흔들리면 책도 같이 따라 흔들면서 보았다.

시력이 나빠지는 게 아닌가, 염려도 되었지만 시력검사를 해봐도 여전히 1.5였다.

버스 안에서의 독서는 나에게 참으로 유익했다.

마음을 살찌게 할 뿐 아니라 출퇴근길의 지루함도 피곤함도 잊을 수 있었다. 종점에서 회사까지 한 번도 쉬지 않고 편안히 갈 수 있어서 좋았다. 만약에 책을 보지 않고 멍하게 차창 밖만 바라보고 앉아 있었다면 모든 것이 불안하였을 것이다. 운전기사의 실력이 의심스러워 자동차 사고라도 나지 않을까 하는 걱정 말고도 숱한 번민이 머리를 가득 채워 스치곤 할 것이 뻔하다. 그러나 책을 읽을 때에는 그런 잡다한 생각들이 들어앉을 틈이 없었다.

그러니 자연히 독서로 마음을 살찌우고 편안히 출근을 하게 되어 일거양득이었다.

나는 지금도 8년 전의 그때가 그리워진다. 회사 가까운 곳으로 이사를 왔기 때문에 그나마의 독서 기회도 잃은 요즈음, 이 가을을 놓치지 않으려면 무언가 읽기 위해 빈자리를 찾아야겠다.

걸으며 책을 읽기엔 너무도 사회구조가 복잡해져 있으니……

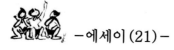

-에세이 (21) -

나라 사랑

한민족의 얼이 담긴 황토색 짙은 우리의 흙, 그 흙 내음을 맡으며
언제인지 모르게 떠오르는 정겨운 추억, 깨끗하고 소박했던 백의
민족, 우리 민족의 얼이 담긴 숨결소리가 나지막이 내 귀에 들려온
다.

낯선 나라의 거리를 거닐 때, 그곳 사람과 대화를 나눌 때나
물건을 살 때에도 그들의 나라와 나의 나라를 견주어 생각해
보게 된다.

이럴 때 내가 태어난 나의 조상이 묻힌 땅, 내가 자라고 우리
의 역사가 이어지는 조국을 생각하는 감회가 더욱 커짐을 깨
닫게 된다.

때로는 끝없는 자부심이 느껴지고 한없는 정이 솟구쳐 마음
가눌 길 없을 때가 있다. 한민족의 얼이 담긴 황토색 짙은 우리
의 흙, 그 흙 내음을 맡으며 언제인지 모르게 떠오르는 정겨운
추억, 깨끗하고 소박했던 백의민족, 우리 민족의 얼이 담긴 숨
결소리가 나지막이 내 귀에 들려온다.

너무나 밝고 순진한 그 표정들.

극락조 캔버스 유채 53.0×45.5 **서봉남作**

극락조(천국의 새-Bird of Paradise)라고 불리우는 꽃으로서 이
작품에서는 화면 중앙의 위쪽에 새처럼 머리를 곧추세우고 있는
꽃과 아마도 그 꽃에서 연상되었으리라고 생각되는 바 누워있는
누드로 표상되어지는 듯이 보인다. 원래 극락조란 꽃은 파초처럼
넓은 잎으로 미국에서 울타리 없는 정원에 심어져 있어서 마치 집
을 지키는 거위처럼 낯선 사람이 접근하면 꽥꽥 고함이라도 지를
듯한 꽃이다. 그러나 서봉남의 극락조는 사실상의 모습이 어떠하
건 환상적인 것으로 나타나고 있다.

우리의 하늘과 땅 사이를 가르고 있는 구름, 우리 인생도 구름과 닮은 것 같다는 생각이 든다. 구름은 비를 내리고 삼라만상의 모든 생물을 생명 되게 하면서 또한 우리의 마음을 기름지게 해준다. 구름은 옮겨 다니고 떠다닌다. 나는 그 구름을 타고 머나먼 나라로 가고 오는 꿈도 꾸었고, 구름에 시심詩心 담아 멀리 띄워 보내는 아름다움도 가져 보았다.

물로 그리는 동양화나 기름으로 그리는 서양화 같은 풍경화에서도 꼭 구름이 있게 마련이고 음악이나 시, 문학에서도 구름은 예술의 모든 것에 연인처럼 되어 있다.

나의 생명으로 인하여 얻어진 온갖 것들, 이 땅에서 사는 동안 내가 비추어야 할 빛, 빛의 존재는 더욱 절실하여 그래서 촛불을 켜고 등대를 만든다. 마음의 눈을 뜨고 진리의 광명을 비추기 위해서. 인간에게는 각기 제 길이 있고 그 길을 가면서 충실히 제구실을 다하도록 힘쓰는 것이 생활인의 자세이다.

어떤 사람은 인생은 곧 예술이라고 하고 예술이 없는 인생은 노예와 같은 것이라고 했다.

어떤 일에도 예술적 창조의식과 가치를 부여하면 인생은 아름답고 그것이 곧 자기를 사랑하고, 가정을 사랑하고, 사회를 사랑하고, 더 나아가서는 나라를 사랑하는 것이 되지 않을까?

사람이 한평생을 살아가면서 삶에 후회가 없도록 하는 것은 너무나 어려운 일일 것이다. 그러나 살아있는 우리는 후손들을 위해서 사과나무를 심어야 하지 않을까?

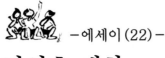 – 에세이 (22) –

티셔츠 예찬

티셔츠는 나에게 작업복이요 또한 외출복이기도 하다. 나는 한 달 중에 90퍼센트는 티셔츠를 입고 사는 자유인이다. 그것은 목을 졸라매지 않고 고삐 풀린 망아지마냥 자유로운 해방감을 주기 때문이다.

나는 아무래도 신사가 되기에는 아예 틀렸나 보다. 나는 티셔츠를 사랑한다. 옷 중에서 제일 간편하고 자유스럽기 때문이다. 물론 모두 벗어버리고 실오라기 하나 없다면 더욱 자유스럽겠지만…… 내가 티셔츠를 즐겨 입는 것은 어린 시절부터 40년 가까이 입었으니 몸에 배어 있기 때문이다.

티셔츠는 나에게 작업복이요 또한 외출복이기도 하다. 나는 한 달 중에 90퍼센트는 티셔츠를 입고 사는 자유인이다. 그것은 목을 졸라매지 않고 고삐 풀린 망아지마냥 자유로운 해방감을 주기 때문이다. 마음 문이 활짝 열려 공상의 세계에 잘 빨려 들어가기 때문에 창작인으로서는 티셔츠가 안성맞춤이라고 항상 생각하고 있다.

청소년 시절 다른 아이들이 가슴에 영어가 가득 쓰여진 티셔츠를 입고 다니면 민족정신이 부족하고 외국 물건을 좋아하는 아이라고 흉보았었다.

그러나 지금은 달라진 것 같다. 지금은 티셔츠 풍년이고 가슴에는 세계 각국 언어와 그림들이 수없이 수놓아져 있어서 오히려 그것들이 발랄하게 보여서 너무나 좋다.

모임에서 행사가 있을 때나 사업체 같은 곳에서도 기념 티셔츠를 선물하는 것이 보통이다. 또는 외국에 다녀온 친지나 친구들도 너나없이 티셔츠를 선물하기도 한다.

혹시 여러분께서 내가 외국어로 쓰여진 티셔츠를 입고 있을 때 '외제가 그렇게 좋은가? 그 좋은 국산품을 두고 말이야 저 이는 정신이 외제 병에 걸려 썩었어.'라고 생각한다면 너무나 큰 오해이다.

사람은 원래 원죄가 있어서 육체를 가리지 않으면 안 되게 되었고 그것이 벗겨질까봐 꽁꽁 동여매는 습관이 생겼다.

지구 남쪽의 작은 섬, 사모아제도의 원주민들은 옷을 입은 문명인들을 '빠빠라기'라고 부른다. 그들은 문명인들을 보면서 너무나 불쌍해서 어쩔 줄 몰라 한다고 한다.

문명인들은 죄를 너무 많이 지어서 아름다운 육체가 드러나지 않도록 무엇으로 항상 감싸는 일에 고심하고, 혹시 몸의 어느 부분이 드러나면 예의범절이 없는 사람이라고 비난 받고,

그래서 그들은 맨살을 많이 가릴수록 정숙하고 만족해하는 문
명인들을 불쌍해 하고 측은해 한다.

 그래서 문명인들은 응달에서 자란 식물처럼 창백하여 여위
었다고 말하기도 한다.

꽃 잔치B 캔버스 유채 53.0×45.5 **서봉남作**

작품에서 보이는 대로 풍경이 있고, 그것은 가장 평범한 수도 있
는 친숙한 이미지로 그려져 있다. 화면 대각선 중심의 약간 아래
쪽에 대흥사입구가 자리 잡고 그 뒤로 벗겨진 험산 준령이 버티고
섰다. 활달한 터치와 거리낌 없는 색면을 구사, 과감한 생략을 빼
고 이 작품의 익명성을 지울 수 없는 것이 범속한 선택에서 이미
지가 화면에 등장하고 있다. 즉 화면의 좌우 아래편을 널찍이 차
지하는 꽃밭들, 오른쪽 중간쯤의 주전자와 램프, 바구니 속의 빵
은 잔치의 상징물들이고 그 위쪽에 마치 구름 위나 꽃동산에서 환
희에 차서 뛰어오는 어린아이들이 '이 화면에 편집되어진 이미지
가 묘한 환상을 일으키고 있다.

옛날 우리나라는 유교의 영향으로 예의를 숭상하는 점잖은 처신에 알몸을 드러내는 것을 꺼려했던 것도 서양하고 같은 것 같다. 우리 동양 사람들은 온 몸은 헐렁하고 간편한 옷에 발목과 허리를 끈으로 졸라매었고, 서양 사람들은 몸에 꼭 맞게 천을 맞추고 허리와 목에 끈으로 졸라매었다.

현재 지구 위의 사람들 중에 서양 사람들이 만들고도 잘 안 입는 양복을 유일하게 일본과 한국만이 정장으로 입고 있단다. 그래서 우리나라에서는 양복을 안 입으면 예의범절 없는 사람이라고 서슴없이 말하기도 한다.

나도 예의범절이 있는 사람처럼 보이기 위해 가끔 큰 모임에 나갈 때 양복을 입어 본다. 1년에 고작 몇 번 입는 양복인지라 양복 맞춘 지가 몇 십 년쯤 되어서 단추를 못 잠그는 것도 있다. 나는 거울 앞에서 넥타이로 목을 졸라매면서 마음속으로 생각한다. 동물들이 목을 묶으면 모든 것을 포기하고 온순해지듯이 나도 '교만하지 않고 겸손해야지.'라고 기도한다.

그 기도와는 달리 양복을 입은 날은 몸이 거북하고 더욱 뻣뻣해져서 남 보기에 더욱 교만하게 보여지는 것 같다.

특히 나의 경우 양복을 입은 날은 아무것도 못하는 날이다.

어쩌다 양복을 입고 화실에 들리면 어느 사이에 물감이 양복 이곳저곳에 묻는다. 비싼 양복에 물감이 묻으면 물감을 원망해 본다.

여러분께서 혹시 필자의 양복에 물감이 묻어 있을 때 칠칠맞

지 못한 사람이라고 생각하신다면 본인은 섭섭하게 생각할 것
이다. 당신에게만 살짝 말하겠다. 좋은 아이디어를......

　시장에 들러서 얇은 러닝셔츠 몇 장을 사서 가슴부분에 아크
릴 물감으로 그림을 그리고 글도 써서 가족들이 입고 다니면
속옷이 겉옷이 되고, 돈도 절약되어서 일거양득이다. 나는 오
늘도 티셔츠를 입고 외출한다.

　"참 잘 어울려요, 티셔츠가......"

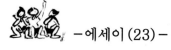

사랑의 열매

샘터에서 샘물이 넘쳐 주위에 철철 흐르듯이 어머니의 가슴 속에는 따뜻한 사랑의 힘이 한없이 솟는다. 우리는 이 사랑을 먹고 자랐다. 우리는 이 사랑의 힘으로 성장했다. 그래서 지상에서 가장 아름다운 것은 사랑이다.

화가는 그림을 그릴 때 생의 보람을 느낀다. 물론 시인도 시를 쓸 때, 학자는 연구를 할 때 삶의 의의를 발견하고, 산악인은 높은 산을 정복할 때 생의 환희를 느끼고, 기업가는 새로운 사업을 일으킬 때 생의 충실감을 경험한다.

어린아이는 소꿉장난에 몰두할 때 가장 행복을 느낀다.

어느 날 신은 천사를 불러서 지상에서 제일 아름다운 것을 세 가지 골라가지고 오라고 하였다. 천사는 지상으로 내려왔다. 그는 이 지상에서 아름다운 것 세 가지를 골랐는데 그중 하나는 예쁜 꽃이었고, 또 하나는 어린아이의 웃음이었고, 그리고 또 한 가지는 어머니의 사랑이었다.

꽃은 지상에서 가장 아름다운 것 중의 하나이다. 아름답지 않은 꽃은 존재하지 않는다. 모양과 빛깔, 향기가 다채롭게 한데 얽히어 자연의 가장 으뜸가는 미의 여왕이라고 할 수 있다.

어린아이의 웃음 또한 아름답다. 맑은 눈으로 엄마의 얼굴을 쳐다보며 빙그레 웃는 모습은 인간의 가장 평화롭고 아름다운 광경이다. 맑은 웃음은 하늘나라의 표정이라고 한다. 어머니의 사랑은 아름답고 숭고하다.

천사가 이 세 가지를 가지고 신에게 가는 동안 변화가 왔다. 아름다웠던 예쁜 꽃은 이미 시들어서 추하게 되어 있었고, 어린아이의 웃음도 아름다운 모습을 모두 잃어버리고 말았다.

그러나 한결같이 변치 않고 아름다운 것은 어머니의 사랑이었다. 어머니의 사랑은 주고 또 주고 끝없이 주는 것이었다. 받기를 바라지 않고 오직 주기만 하는 사랑이었다.

샘터에서 샘물이 넘쳐 주위에 철철 흐르듯이 어머니의 가슴 속에는 따뜻한 사랑의 힘이 한없이 솟는다. 우리는 이 사랑을 먹고 자랐다. 우리는 이 사랑의 힘으로 성장했다. 그래서 지상에서 가장 아름다운 것은 사랑이다.

사랑의 나무에는 아름다운 열매가 열리기 마련이다. 따뜻한 친절의 열매, 남의 괴로움을 측은히 여기는 동정의 열매, 남의 수고를 덜어주는 협력의 열매, 높은 이상과 목적을 위해 자기의 정성을 바치는 봉사의 열매, 이것들은 모두 사랑의 나무에서만 열릴 수 있는 열매들이다.

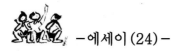

아름다운 봉사

하나님께서는 우리 인간 각자에게 재능(달란트)을 주셨고 그 재능
으로 봉사하도록 하셨다. 쓰라리고 아픈 일, 방황하고 눈물 어린 사
연들뿐만 아니라 인생의 소중한 아름다운 체험이라든지 소망과 확
신이 있는 감동스러운 이야기들이 오고 갔으면 좋겠다.

 내가 생명의 전화와 인연이 된 것은 오래 전의 일이다.

한국에 생명의 전화를 처음 발족하면서 1기 상담원 교육을 시
작할 때 나에게도 프러포즈가 왔었다.

 나는 태어날 때부터 내성적인 데다가 말로 하는 것에는 자신
이 없었기 때문에 사양을 했다. 주변의 아는 친구들 몇 사람이
교육을 받았다.

 교육을 받았던 친구는 퇴근하기가 바쁘게 전화 받으러 간다
고 나갔다. 그 친구는 흥분되어 많은 이야기들을 했으나 나는
다른 세상의 일들일 것이라고 생각하고 있었다.

 그로부터 10년 후 나는 생명의 전화와 다시 만났다.

 생명의 전화 기금 모금을 위한 바자회에 그림을 기증해 달라

는 것이었다. 그때부터 나는 상담원은 아니었지만 점점 가족이 되어 가고 있었다. 참 묘한 인연이었다.

나는 생각하기를 도대체 전화와 미술이 연관성이 있는 것일까? 이름도 없고 얼굴도 없는데……

그리고 내가 그 단체와 어울릴 수 있을까?

전화 속에서 들려오는 소리는 눈에 보이지 않는 그 속에 무수한 사연들이 떠 있는 소리(음악)와 줄거리(문학)들뿐인데……

그러나 비록 전화 속에 감추어져 있는 형태들이지만 그 속에서 서로의 대화가 오고 갈 때 아름다운 형상들이 만들어지고 있는 것을 발견했다. 그 속에선 희로애락이 범벅이 된 채 나의 눈앞에 영상이 되어 움직이고 있었고 거기에 있는 모든 줄거리에는 슬픈 얼굴, 기쁜 얼굴들이 보였다. 역시 생명의 전화는 미술과도 연관이 깊다는 것을 깨닫게 되었다.

귀로 듣고, 입으로 말하고, 눈으로 본다는 것은 행복한 일이 아닐 수 없다. 하나님께서 일찍이 모든 만물들을 창조하셨고 특별히 인간에게는 오감을 주신 것에 감사하고 있다. 우리 인간에게는 자기만이 할 수 있는 재능을 주셔서 자기 직업에 충실할 수 있도록 사고를 주셨다. 그리고 인간에게 환경을 똑같이 주었는데 똑같은 환경 속에서 두 가지 방법으로 살고 있다.

예를 들자면, 우리가 포도 한 송이를 먹으려고 하는데 그 포도송이는 알맹이 크기가 서로 다르고, 색깔 또한 다르다. 먹어 보면 맛도 모두 다르다. 그것은 모든 생명체는 두 개도 같은 것이 없기 때문이다.

A라는 사람은 그 포도송이를 먹기 위해 우선 못생기고 맛없는 것부터 먹기 시작한다. 그의 생각은 이러하다. '나는 맛이 없고 나쁜 것부터 먹고 맛있는 것은 아껴서 나중에 먹어야지!' B라는 사람은 보기 좋고 맛있는 알부터 따 먹었다. A는 결국 많은 포도 알 중에 한 알만 맛있게 먹었고, B는 한 송이 모두 맛있게 먹었다. 우리에게 똑같은 환경이 주어졌지만 긍정적인 마음과 부정적인 마음 때문에 전혀 다른 삶을 살고 있다.

이탈리아의 유명한 바이올리니스트였던 파가니니는 어느 날 길거리를 지나다가 사람들이 모여 있는 곳에서 좀 서투른 바이올린 소리가 들려서 그도 구경을 했다. 아마추어 바이올린 연주자는 연주를 끝내고 모자를 벗어 동냥을 구했는데 파가니니는 주머니에 돈이 없어서 대신 한 곡을 연주해주겠다고 했다. 똑같은 바이올린이었지만 너무나 아름다운 음악이 연주되었고 그 소리를 듣고 많은 관람객들이 모자 속에 많은 돈을 넣어 주었다는 일화가 있다.

하나님께서는 우리 인간 각자에게 재능(달란트)을 주셨고 그 재능으로 봉사하도록 하셨다.

전화 속에서 들려오는 외로운 일, 쓰라리고 아픈 일, 방황하고 눈물 어린 사연들뿐만 아니라 인생의 소중한 아름다운 체험이라든지 소망과 확신이 있는 감동스러운 이야기들이 오고 갔으면 좋겠다.

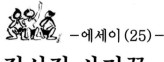

정신적 사기꾼

그 사람들과 눈이 마주치자 나는 살짝 미소를 지었지만 50대쯤 되어 보이는 아저씨는 불쌍하다는 표정으로 보다가 가면서 중얼거렸다. "이 추운데 무슨 짓이람, 정신적 사기꾼들이 미쳤지!"

떠들썩하던 회원들이 갑자기 조용해졌다.

차창 밖에는 포근한 담갈색으로 물들여진 부드러운 색채가 눈앞에 전개되고 있었다. 겹겹이 쌓인 가느다란 능선에는 솜털이 소복이 나 있고 끝의 능선이 하늘에 닿아 있었다.

수많은 형상들이 계곡 속에 구상과 추상이 어우러져 화음이

◀ **설악산 커피** 캔버스 유채 53.0×45.5 **서봉남作**

설악산 커피는 우아한 커피이다. 그것은 우아한 커피포트에 담겨 있는 것처럼 보이기 때문이다. 그런데 이 커피는 설악산의 풍경 속에서 있어야 할 커피일망정 설악산의 풍경을 완성하면서 코와 입을 즐겁게 하는 커피는 아니고 마실 수 없는 커피, 그림 그리면서 커피가 먹고 싶었으나 마실 수 없어서 아쉬웠던 커피 - 그것은 서봉남의 상징 언어이다. 가장 현실적인 상징물을 써서 심적인 동경의 상태를 이끌어내는 서봉남의 상징 언어는 그러므로 원초적인 발상과 표현, 나아가서는 보는 사람의 상식적인 언어 체계를 교란하여 충격을 주고, 어느 날 갑자기 머리에 떠오른 잊혀진 여인의 얼굴처럼 아른한 어린 시절의 추억으로 접맥시켜주는 기폭제의 역할을 하는 작품이다.

되어 나의 눈과 귀에 들려온다. 버스 속의 일행들은 숨을 죽이고 위엄 있는 자연을 바라보면서 자기의 존재를 확인하고 있는 것 같았다.

　버스는 한계령 꼬불 길을 수없이 돌고 있었고 가끔 버스의 엔진소리만 가냘프게 들리고 있었다.　오색삼거리에서 내린 우리는 잔칫상을 펼치기 시작했다. 눈은 앞에 전개되는 회 암갈색의 부드러운 살결 같은 계곡을 바라보면서 손 바쁘게 눈에 보이는 색깔의 물감들을 팔레트 상 위에 짜고 있었다. 계곡의 경관에 신비롭도록 아름다움을 느낀다.

　하늘 높이 솟아 오른 바위틈에 박힌 노송들, 산 위에서부터 몰아치는 찬바람은 마른가지 위의 흰 눈을 날리고 있었다. 각종 생김생김으로 어우러진 골짜기를 바라보면서 아름다운 색깔의 물감들을 캔버스에 바르고 있었다. 날씨는 무척 추웠지만 하늘이 맑아서 좋았다.

　그런데 이때 계곡에서부터 바람이 흰 눈을 안고 불어오자 하늘이 점점 어두워지더니 눈이 날리기 시작했다. 눈과 유화물감이 반죽이 되어 캔버스 위에서는 그림이 그려졌다. 조금 전에 웅장했던 산들이 살며시 흐려지더니 이윽고 그 산들이 눈 앞에서 사라졌다가 다시 나타나곤 했다.

　앞에 전개되는 광경들이 마침 마취상태처럼 신비에 젖어갔고 그림도 구상과 추상으로 범벅된 그림을 그리고 있었다. 점점 손이 시려오고 발도 꽁꽁 얼어갔다. 옷을 많이 껴입었으나 몸이 떨리며 추워지기 시작했다. 나는 '따뜻한 커피 한 잔을 마셨으면' 하는 생각이 나서 캔버스에 산을 그리다 말고 내 화실에 있는 주전자를 그리기 시작했다.

펑펑 눈이 내리는데도 정신없이 그림을 그리는데 뒤에서 인기척이 나서 뒤돌아보니 몇 사람이 내가 그림 그리는 것을 보고 있었다. 그 사람들과 눈이 마주치자 나는 살짝 미소를 지었지만 50대쯤 되어 보이는 아저씨는 불쌍하다는 표정으로 보다가 가면서 중얼거렸다.

"이 추운데 무슨 짓이람, 정신적 사기꾼들이 미쳤지!"

같이 그림 그리던 우리 일행 중 한 회원이 기분 나쁘다며 속상해 하였지만 나는 영롱한 오색약수를 마시며 그 중년의 한마디를 다시 떠올려 본다.

"정신적 사기꾼……"

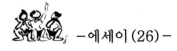

— 에세이 (26) —

가을에 생각나는 것들

누군가가 미래를 상상하면 허무맹랑한 것이라고 흘려버렸으나 세월이 흐른 후, 그 상상이 우리 눈앞에서 실현되는 경우가 무수히 많지 않은가. 과학의 힘이 크다는 것을 감사하면서 오늘을 살고 있다. 어떤 면에서는 참 편한 세상이다.

여름이 끝나고 가을이 오면 나는 왠지 신중하고도 철학적인 기분에 휩싸이게 된다. 내가 인생의 중년기에 접어들어서인지 아니면 주변이 노랑, 빨강색으로 물들어버린 색채 때문인지는 모르지만…….

지금 나는 나의 의식 저변에 있는 깊고 사뭇 은밀한 욕구에 대해서 생각 중이다. 충족될 때 커다란 행복감을 주는 그런 욕구 말이다. 사람들은 누구나 삶의 어떤 비밀스러운 목표를 가지고 있다.

나의 최상의 목표는……
이 같은 비밀스러운 목표를 인생의 중년기에 접어든 이때에

다시 한 번 정리해 보이기로 한다. 사람은 마침내 연인을 만나 사랑의 결실로 아기가 태어나고 그 아이는 성장하여 공부를 마치고 결혼하여 자신의 일을 하다가 그리고 가족을 남겨두고 하늘나라로 올라간다. 다음 세대 갓난아기도, 또 그 다음 아이들도 똑같은 과정을 거친다.

나는 나의 일상생활 중에 내 일에 집중하다가 옆이나 건너편과 주변으로 고개를 돌리면 그곳에는 항상 나의 친구요 반려자요 아내인 한 사람을 보게 된다. 세월이 흐르면서 우리는 더욱 끈끈한 정이 깊어가는 것을 느낀다.

지금 지구 인구는 50억 명이라고 한다. 이 글을 쓰고 있는 동안에도 200명쯤의 사람이 죽고 480명쯤이 새로 태어나고 있단다. 이것은 약 2분 동안에 태어나고 죽는 사람의 숫자이다. 계산하기 좋아하는 사람들은 인구수에 관해서 재미있는 이야기를 많이 한다. 그들은 만일 지구의 인구가 오늘날과 같은 비율로 끝없이 늘어난다면 서기 3530년에는 전 인류의 살과 피의 질량이 지구의 질량과 같아진다고 한다.

아시다시피 세상은 퍽이나 많이 달라지고 발전했다.
한때 누군가가 미래를 상상하면 허무맹랑한 것이라고 흘려버렸으나 세월이 흐른 후, 그 상상이 우리 눈앞에서 실현되는 경우가 무수히 많지 않은가. 과학의 힘이 크다는 것을 실감하면서 오늘을 살고 있다. 어떤 면에서는 참 편한 세상이다.

독일 인상A 캔버스 유채 91.0×72.7 **서봉남作**

도이칠란드는 나에게 떠오르는 것이 너무나 많다. 라인 강, 철의 장막,
마틴 루터, 괴테, 베토벤, 헤겔, 옥토버 페스트, 히틀러, 독일병정, 맥주,
벤츠, BMW 등등-
840년 루이1세가 죽자 세 아들로 인해 세 나라가 되었다가 다시 장남
이 죽자 라인 강을 중심으로 서쪽은 현 프랑스 동쪽은 현 독일이 되었
다. 그 후 독일은 지방분권제도여서 이렇다 할 강력한 세력을 가진 왕이
없었는데 871년 비스마르크에 의해서 독일이 통일되고 오늘까지 세계
선진열강의 선두에 서게 되었다.
독일은 중세의 모습들을 잘 간직한 건물들, 백조의 성(노이슈반스타인
성-미국 디즈니가 이 성을 본 따서 만든 디즈니랜드)같은 아름다운 성
들, 독일의 철학의 도시 하이델베르크 등, 아름다움으로 가득하다.

아침에 일어나면 가장 먼저 눈에 들어오는 것은 텔레비전이
나 신문이다. 온갖 세상 소식을 간단하게 전해 들을 수 있다.
그 속에는 주먹과 돈으로 세상을 휘두르는 내용들이 사회면을
채운다. 모든 사람들이 흥분하면서 고함을 질러댄다. 모두 무
서운 세상이라고 하고 교통지옥이라고 한다. 어떤 사람은 차
에다 대고 고함치고 어떤 사람은 하늘을 향해 고함치는 사람
도 있다.

세상에 종말이 온다고 떠들어 대고 이 세상은 더럽고 험악하
여 사람들은 모두 글러 먹었다고 하고 요즘 사람들은 믿을 사
람이 아무도 없다고 속단하는 사람도 있다.

정치가건 의사건 선생이건 상인이건 하나같이 남을 속여 벗
겨먹으려 든다는 것이다.

나는 그럴 때마다 곰곰이 생각해 본다.

정말 막돼먹은 세상인가? 천만의 말씀이다.

나는 혼자 조용히 앉아 눈을 감고 나의 가까운 가족으로부터
친구들, 이웃 한 사람 한 사람 나와 관계된 사람들을 생각해 본
다. 나와 관계된 사람은 백 명, 천 명 아니 헤아릴 수 없이 많다.
그 사람들은 모두 착하고 편안하고 개성이 분명한 아름다운
사람들뿐이다. 이것이 나만이 겪는 것일까?

내 주변 사람들 중에 사기꾼 같은 사람은 찾을 길이 없다.

여러분들도 자기 주변의 사람들을 생각해 보시라,

아마 그렇게 나쁘다고 생각하는 사람은 가뭄에 콩 나듯이 있

을 뿐일 것이다.

고함치는 사람들의 소리는 텔레비전 상자 속에서나 신문 활자에서 보고 듣는 것이니 그것은 나와는 아무 상관없는 먼 나라 이야기 같다.

나의 이 같은 생각을 다른 사람들이 듣는다면 아마 바보 같고 무지한 사람일 거라고 생각할지도 모른다.

오해하지 마시라.

우리 동네 사람들, 나의 친구들, 우리 동네시장 상인들 모두가 좋은 사람들이며 그들은 어느 때든지 내가 필요로 하는 물건들을 차려놓고 친절하게 물건을 고르게 해준다. 만약 그 상인들이 그 직업에 충실하지 않는다면 내가 어떻게 먹고, 입고, 자면서 살 수 있겠는가.

텔레비전이나 신문에 나쁜 일이 보도되는 것은 아직도 우리나라에는 좋은 사람들이 너무나 많다는 것을 보여주는 것이다. 정말로 나쁜 사람이 많은 세상이면 좋은 사람들만 신문이나 텔레비전에 나올 것이 아닌가.

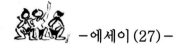

전화 때문에

전화 없는 나의 화실은 도심 속의 자연, 그런 공간이 되었다. 화려하지는 못해도 평화롭게 살고 싶은 것이 나의 꿈이 아니었던가. 세상길에서 만난 무수한 사람들 사이에서 정을 나누며 용서하면서 산다면 얼마나 좋을까?

현대인은 잠시도 가만히 있지를 못한다. 전화가 오지 않으면 다이얼을 돌리고 계단을 오를 때도 한 개씩은 답답해서 서너 개씩 건너뛰어야 직성이 풀리고 식사를 하는 것이 아니라 끼니를 때우는 경우가 얼마나 많은가. 숨이 차도록 성공을, 출세를 위해 달리고 또 달린다.

결국 무엇을 위해 달리는지 잊어버리고 무작정 남이 달리니까 뜀박질하는 습관이 몸에 배어간다.

지금의 우리 생활 속에서 전화가 없다면 도시 속의 암흑이나 다를 바가 없을 것이다. 내가 그런 경험을 했었다. 나는 어느 날 갑자기 전화가 없어져서 암흑 속에서 살아야 했다.

세계 2차 대전을 일으켰던 일본은 전쟁 초에 중국을 거쳐 남

양군도 일대를 점령해 갔다. 그 승전의 일환으로 태평양상의 괌도도 점령했었다. 전세는 역전되어 미군이 그 섬을 탈환했고 미처 후퇴하지 못한 일본군의 일부가 그 섬의 울창한 숲속에서 숨어 지내게 되었다.

그 후 16년이 지난 1961년 어느 날, 지금까지 은신해 오던 일본 군인 하나가 우연히 발각되어 붙잡힌 적이 있었다. 즉시 따뜻한 목욕물과 새 옷, 그리고 먹을 것이 그에게 제공되었으나 그는 바뀌어버린 현대에 어울릴 수가 없었다.

우리의 생각으론 16년 동안이나 숲속에서 문명의 혜택 없이 살아온 고통이 얼마나 컸을까 생각했지만 그는 오히려 그곳에서 숨어 살았던 생활이 더 좋았다고 술회했다.

우리에게 문명은 좋은 사람에게는 좋으나 또 나쁜 면도 많이 있다. 몇 년 전 가난한 예술가들의 건강을 위한다고 의료보험이 실시되었다. 반가운 마음으로 모든 회원들이 너도 나도 가입했고 몇 년 동안 열심히 보험료를 불입했다.

전업 작가로 그림만 그려오는 나에게는 별다른 수입이 없어서 보험금을 계속 낼 형편이 되질 못해서 실무자를 찾아가 상담을 했다. 잠시 동안 탈퇴를 하고 형편이 좋아지면 다시 가입하겠노라고 했으나 담당자는 냉정하게 법을 내세워 안 된다고 하는 것이었다.

오봉산의 가을 캔버스 유채 52.5×45.0 **서봉남作**

화면 자체가 가을을 보여주고 있지는 않다. 그 가을은 노란색 잔디나 국
화꽃이 있고, 노랗게 물든 나무에 있고, 파란 산 뒤로 노랗게 익어가는
하늘이 있고 그리고 < 오봉산의 가을 > 이라는 제목이 있을 뿐 시각적인
상징물을 내세워 보여준다. 이것은 서봉남의 상징체계가 대상이 가지
는 상징적 의미에 의한 것이 아니고 어떤 딴 것에 의해 움직이고 있다
는 것을 보여주는 것이다. 그 어떤 딴 것이란 서봉남에 의한 종교적인
것이고 특히 기독교적인 것이다. 그러므로 화면에 나타난 교회건물은
서봉남이 의도적으로 배치한 종교적 신념의 표상이라고 말할 수도 있
다. 그러나 교회란 어느 곳에서나 있을 수 있는 흔한 풍경의 하나이기
때문에 자연스럽게 보이는 것이다.

탈퇴할 최선의 방법은 이런 것이었다.

　첫째는 죽는 것, 둘째는 외국으로 이민 가는 것,

　셋째는 미술협회에서 불명예로 제명당하는 것,

이 세 가지 방법밖에 없다는 것이었다.

　내 나이 40 되도록 보험이라곤 들어본 적 없어서 보험이라는 것이 무서운 것을 처음 알았다. 나는 이제 죽는 날까지 올무에 묶여서 빠져나올 수 없다고 생각하며 돌아왔다.

　몇 년 후 드디어 나에겐 하나밖에 없는 생명줄이랄 수 있는 전화를 빼앗아 갔다.

가난한 미술가에게는 재산이라고는 그림밖에 없는데 그림은 재산가치가 안 되고 특히 한국에서는 화가의 직업 자체가 법적으로 인정이 안 되어서 은행에서는 무직업으로 써야 융자가 안 된다는 것이었다.

　가난한 예술가들을 위한다는 보험이 앞으로도 무엇을 차압해 갈지 무서운 존재로 보여지기 시작했다.

　전화를 잃게 되자 제일 미안한 사람은 동생이었다. 그 전화는 10년 전 동생이 선물로 놓아 주었기 때문이고 그 전화를 처음 개통했을 때 너무나 신기해서 한참 동안 행복했었다.

　나는 군도에서 숨어 살았던 일본군을 생각해 본다.

　나도 그 일본군처럼 도시의 암흑 속에 혼자 남은 것 같다는 생각이었다. 그 일본 군인이 숲속의 은신 생활이 피난처라고 표현했듯이 나도 사회와 차단된 은신처 같은 생활이 되어갔고 점점 평안을 찾아 밀림 속 같이 조용한 나의 작업실 속에서 천연의 아름다움이 들려오기 시작했다. 이때 깨닫게 된 것은 사람과 사람 사이에 원수를 맺는 것은 하나님께서 좋아하지 않는다는 것이었다. 현실이 너무 괴롭고 어두워도 내가 당한 적은 손해와 모욕에 더욱 과민해지고 한 치의 여유도 없는 척박한 마음으로 인하여 생긴 부질없는 마음을 회개하니까 모든 것을 잊을 수 있었고, 세상의 모든 소식을 끊고 그림에만 전념할 수 있었다.

전화 없는 나의 화실은 도심 속의 자연, 그런 공간이 되었다. 화려하지는 못해도 평화롭게 살고 싶은 것이 나의 꿈이 아니었던가. 세상길에서 만난 무수한 사람들 사이에서 정을 나누며 용서하면서 산다면 얼마나 좋을까?

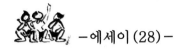

살아간다는 것

다른 곳에 외롭게 누워있는 아버지를 만나러 가는 것을 보니 대견
스럽고, 그동안 가난과 외로움 속에서도 굳세게 살아온 조카가 자
랑스럽다. 부디 사랑하는 조카의 미래는 따스한 햇살이 온 누리를
감싸 안듯 사랑의 저력을 널리 펼치기를 이 삼촌이 기도한다.

   늘어가는 교통량과 인구에 비례해서 대기오염으로 바래져가
는 하늘이지만 오묘한 하나님의 창조물인 자연......

   고요의 씨를 뿌리듯 가슴 깊숙이 살아나는 저 평온한 하늘,
구름 한 점 없는 청명한 가을밤, 마당에 돗자리 깔고 누워 별빛
이 강처럼 흐르는 밤하늘을 쳐다보며 별들을 헤아리던 소년시
절의 회상이 새로워진다. 한없이 높고 끝없이 넓은 하늘을 가
로질러 흐르는 은하수, 아! 신비로운 우주, 신비한 우주 한 모
퉁이에 보이는 조카의 얼굴, 그 얼굴에서 오래전 세상을 떠난
제 아버지의 모습이 그대로 살아난 듯한 느낌. 추억은 언제나
누구에게나 있고 그것은 괴롭고 슬픈 일이지만 뒤돌아보면 모
두가 아름답다고 시인 푸시킨이 말하지 않았는가. 지난 것은
그리워지고 추억이 되어버린 열세 해 전의 일이 떠오른다.

나에겐 형과 동생들이 많아 조카 또한 많이 있다.

남달리 무거운 짐을 짊어졌던 그 큰조카를 보면 언제나 눈물이 흘러내릴 듯한 안쓰러움이 있었다.

장남 형의 장조카이기 때문에 더욱 그랬다. 아버지를 잃은 서러움 때문인지 조카의 얼굴에는 웃는 일이 없었다. 그가 일곱 살 되던 해, 그저 어리광이나 부리던 그 어린 나이에 조카는 아버지를 잃은 것이다.

두 눈 반짝이는 삼남매와 아직 태어나지도 않은 엄마 뱃속의 동생마저 남겨 둔 채 영원히 돌아오지 않는 하늘나라로 떠났던 것이다.

바람처럼 왔다가 구름처럼 머물다 연기처럼 사라지는 것이 인생이라고 누군가가 말했다. 이 세상 한 분밖에 없는 아버지를 잃고 세상에 적응하며 온갖 고생이라는 그늘 아래서도 꿋꿋하게 다섯 식구는 하루하루 생명을 유지해야 했었다.

부모가 모두 있는 사람들은 언제나 희망에 부풀어 있을 것이나 그렇지 못한 조카의 둘레에는 항상 어둠만이 있었을 것이다. 기술을 익히기 위해 찾아 나선 공업고등학교, 자세한 주위 사정을 묻지 않아도 얼마나 힘이 들었을까를 알 것만 같다. 조카는 어렵고도 먼 길을 용케도 걸어왔고 어느새 군대도 갔다 온 스물넷의 청년이 되어 있다.

거듭 태어나는 매일의 아침을 보면서 세상의 모든 사람들이 자신이 처해 있는 환경이나 조건에 불만을 품고 철새처럼 보금자리를 옮겨가는 동안 세월은 덧없이 흘러가고 있음을 본

다. 이제는 다 성장한 조카가 할아버지보다 먼저 하늘나라에 가 선산에 묻히지 못하고 다른 곳에 외롭게 누워있는 아버지를 만나러 가는 것을 보니 대견스럽고, 그동안 가난과 외로움 속에서도 굳세게 살아온 조카가 자랑스럽다. 부디 사랑하는 조카의 미래는 따스한 햇살이 온누리를 감싸 안듯 사랑의 저력을 널리 펼치기를 이 삼촌이 기도한다.

◀ **음양** 캔버스 유채 72.7×60.6 **서봉남作**

제5부

또 하나의 가족 이야기
In addition, other family

-또 하나의 가족이야기 (1) -

귀여운 백구

나는 "휴......"하고 안도의 한숨을 내쉬었다. 짧은 시간이나마 백구를 개장사에게 팔았을 것이라는 엉뚱한 생각을 했었기 때문이다. 얼마나 다행인가. 농촌으로 갔다면 묶이지 않고 자유롭게 뛰어놀면서 살지 않을까? 행복하게 수명을 다하며 살아라, 백구야.

　　우리 집은 집 왼쪽 벽으로 2층을 오르는 계단이 있고 옆집과의 사이에는 가슴 높이의 벽돌담이 있어 경계를 이루고 있다.

　　우리 집에서 옆집의 마당이 훤히 내려보이는데 그 집은 우리집과는 달리 나무 몇 그루만 마당에 심겨져 있어서 항상 빈 공간들이 아깝다는 생각을 하고 있었는데 연초록색으로 물드는 봄, 어느 날 옆집에 누군가가 이사를 가고 오는 것 같았다. 항상 조용하던 그 집에 어떤 때는 초등학생쯤 되는 남자아이가 놀 때도 있고 일요일에는 사십대쯤 되는 아빠, 엄마, 중학생 여자아이를 볼 수 있어서 네 식구가 산다는 것을 알게 되었다.

　　아마도 맞벌이 부부인지 평일에는 거의 그 집 남자아이 외에는 사람들을 볼 수 없었다. 그리고 그들이 마당 청소하는 것을

거의 보지 못한 것을 보면 아마 세 들어 살고 있는 것 같았다.

　어쩌다 그 집 사람들과 눈이 마주쳐도 아이들이나 어른들도 인사는커녕 아무 반응 없이 무뚝뚝했다.

　어느 날 저녁, 퇴근을 하고 계단을 오르다 담 너머에 무엇이 움직여서 옆집을 내려 보는데 귀여운 하얀 복슬강아지 한 마리가 우리 집 방향의 벽 쪽에 묶여서 나를 보고 온몸과 꼬리를 흔들며 반기고 있었다.

　나는 반가움에 손을 흔들어 주면서 집에 들어와 아내에게 강아지 이야기를 하니 아내도 낮에 보고 너무 귀여워서 몇 시간이고 서로 쳐다보며 놀았단다.

　강아지와 나는 아침 출근할 때 인사하고 저녁에 돌아올 때 마중하는 좋은 친구가 되었다. 그 강아지가 그 집에 오면서 사람 사는 집처럼 생기가 돌기 시작했다. 그러나 그 집 식구가 그 강아지와 노는 것, 특히 초등학생 남자 아이까지도 강아지와 노는 것을 보지 못했고 오로지 나와 내 아내만 좋아하는 것 같았다.

　'강아지가 하루 종일 혼자 묶여 있어서 얼마나 심심할까' 하는 생각을 하며 퇴근할 때는 한참을 서서 이야기해줬다.

　우리는 점점 그 강아지와 친해져갔고 그 강아지도 밥 안 주는 우리를 더 가족같이 여기는 것 같아 보였다. 날이 갈수록 강아

◀ **동심-살풀이** 캔버스 유채 116.7×91.0 **서봉남作**

지가 커져가면서 목소리도 달라져갔다.

처음 새끼였을 때는 "월월월"하며 멀리에서 들리는 것 같은 소프라노 음성이었는데 이어서 "왈왈왈"알토 음성으로 변하더니 이제는 남성의 바리톤 음성처럼 "왕왕왕"하고 울어댄다.

장차 몸집이 커다란 백구가 될 것 같아 '백구'라고 이름 지어주고 아침에는 "백구야, 잘 잤니?"저녁에는 "백구야 잘 있었니?" 하고 말해주었다. 그러면 백구는 너무나 좋아서 앞발을 들고 서서 안아 달라는 몸짓을 하지만 손이 닿지 않아 담 너머에서 말로 할 수밖에 없었다.

어쩌다 그 집 사람과 얼굴 마주치면 "강아지가 너무 귀여워요."하고 말해도 아무 반응이 없다. 아마도 우리 부부가 그 집 강아지를 너무 좋아하니까 싫어하는 것 같은 느낌이 들었지만 모르는 척하고 우리는 귀여워할 수밖에 없었다. 강아지와 나는 출퇴근을 맞이하는 좋은 친구였다.

항상 퇴근길에는 멀리에서부터 떠들썩하는 백구 소리를 들으며 오는데 오늘은 너무나 조용했다. 이상하게 생각한 나는 담 너머 백구를 찾았다.

백구는 힘없이 축 늘어져 턱을 땅에 붙이고 앞의 밥그릇에 밥을 그대로 둔 채 눈만 깜박거리며 나를 쳐다보고 있었다. 그의 눈에 눈물이 촉촉이 고여 있는 것이 어디가 아픈 것이 분명했다.

나는 걱정이 되어서 빨리 집으로 들어오면서 아내를 찾았다.

아내도 알고 있었다. 오늘 종일 밥도 안 먹고 시름시름하고 있었단다. 내일이면 괜찮겠지 또 내일이면 괜찮겠지 하면서 삼일이 지나갔다. 개 주인은 그것을 아는지 모르는지 아무 조치를 취하고 있지 않았다.

그 집 식구를 볼 수 없고 그냥 두어서는 백구가 죽을 것만 같았다. 화실에 출근했으나 일이 손에 잡히지를 않았다.

백구가 걱정되어서 집으로 다시 돌아와 아무도 없는 그 집 담을 넘어가서 목줄을 풀고 백구를 품에 안고 아내와 같이 병원으로 달려갔다.

"수돌이(수돌이는 우리 집 식구)가 아닌 웬 개입니까?"

원장님은 낯선 개를 안고 온 나에게 물었다. 옆집 개인데 어디가 아픈 것 같아서 데리고 왔다고 하며 진찰을 부탁했다.

의사는 한참 진찰하더니 무슨 병(나는 건성 들어서 기억이 안 난다.)이라고 말하며 너무 늦게 와서 2, 3일을 넘기지 못할 것이라고 말했다.

아내와 나는 백구가 너무나 불쌍해서 의사에게 졸랐다. 무슨 방법으로든 살려달라고 애원을 했다.

"정 그러시다면 한 일주일쯤 입원을 하면서 관찰하며 치료해 봅시다. 그리고 돈이 많이 드는데요?"

돈 걱정하지 말고 살려만 달라고 부탁하고 입원을 시켰다.

그날 저녁 땐 백구 집을 찾아가 주인 아저씨를 만났다. 얼굴은 서로 아는 사이여서 이사를 오고 처음 정식으로 인사를 했다. 낮에 주인 없는데 내 마음대로 백구를 데려가서 미안하다는 사과를 하고 백구를 병원에 입원시켰고 돈은 내가 지불할 것이니 아무 걱정하지 말라고 했다.

주인은 나이가 더 많은 내가 설득하니까 그렇게 하시라는 말로 허락했다.

백구는 창살이 있는 독방에 갇혀서 링거 주사를 꽂고 시간 맞추어 약도 먹고 주사도 맞으며 조금씩 회복이 되어갔다. 아내와 나는 번갈아 병원에 들러서 백구의 건강상태를 확인했다. 그리고 아내는 저녁마다 백구 소식을 나에게 알려주었다.

"여보, 오늘은 꼬리 흔들며 반기기도 했어요."

백구가 입원하고 일주일 되는 날. 병원에서는 퇴원해도 되겠다는 의사의 말에 건강해진 백구를 안고 백구 집엔 사람이 없으니 우리 집으로 돌아와 먼저 목욕을 시켰다. 아마 백구가 태어나서 처음 목욕인 것 같았다.

며칠을 우리 집에서 안정시킨 후에 그 집에 돌려주기로 아내와 의논하고 옆집에 가서 자세한 설명을 했다.

"병원에서 며칠을 안정시키라고 했다"고 말하고 우리 집에서 며칠 보호하고 돌려드리겠다고 허락까지 받았다.

수돌이는 자기보다 덩치가 큰 개를 보고 피하기에 바빴지만 백구는 점점 밝아졌고, 자유로운 행복을 찾아서인지 너무 좋아서 온 방을 휘젓고 돌아 다녔다. 그러나 백구의 행복은 삼일 뿐이었다. 삼일이 되던 날 옆집 아저씨가 백구를 찾으러왔다.

백구를 보낸 우리는 아쉽기도 하고 백구가 안쓰럽기도 했다. 그러나 건강을 되찾고 자기 집으로 돌아가는 것만으로 만족해야 했다.

이튿날 아침,

출근을 하면서 먼저 백구를 찾았다. 어제 돌아간 백구가 궁금해서였다. 그런데 어떻게 된 일인지 백구가 없었다.

옆집의 이곳저곳을 둘러보고 놀랐다.

전에 묶었던 곳에는 없고 우리 집과 반대편 저쪽에 묶여 있었고 백구는 나를 보기 위해 얼굴을 쭉 뽑았는데 백구의 코와 눈만이 보이고 있었다. 코와 눈이 흔들리는 것을 보아서 온몸을 흔들며 나를 반기고 있는 것 같았다.

집주인이 불쾌했는지 우리가 볼 수 없도록 반대편에 묶어 놓은 것인데 우리는 그저 그 사실을 받아들일 수밖에 없었다.

그리고 일주일 후

그나마 멀리에서 눈, 코만이라도 보이던 백구가 전혀 보이지 않았다. 너무나 궁금해서 아내에게 알아보라고 했는데...

그날 밤 아내의 말.

"여보, 백구를 시골집 삼촌에게 보내버렸대요."

나는 "휴......"하고 안도의 한숨을 내쉬었다.

짧은 시간이나마 백구를 개장사에게 팔았을 것이라는 엉뚱한 생각을 했었기 때문이다. 얼마나 다행인가. 농촌으로 갔다면 묶이지 않고 자유롭게 뛰어 놀면서 살지 않을까?

행복하게 수명을 다하며 살아라, 백구야.

축제B 캔버스 유채 91.0×72.7 **서봉남作**

-또 하나의 가족이야기 (2) -

강아지 할머니

한참을 달리다가 우리는 정신을 차렸다. 이제 이 강아지를 어떻게 해야 할지가 걱정이었다. 우리 집에는 이미 아주 작은 수돌이가 있었고, 우리 수돌이보다 다섯 배 정도 더 큰 중개를 우리 집 안에서는 도저히 키울 환경이 못 되었다.

　어느 봄날, 경기도 광릉에 후배가 작업하고 있는 조각 공방에서 조그마한 브론즈 조각 작업을 하기 위해 실로 오랜만에 아내와 같이 갔다.

　광릉 입구에서 반대편으로 벗어난 좁은 동네 길로 들어서서 한참을 달렸다. 구멍가게 옆길로 난 꼬불꼬불 언덕길을 오르면 조각공방 입구가 보인다. 입구 양편 길로 크고 작은 서너 마리의 개들이 한 마리씩 묶여서 우리를 향하여 짖어대기 시작했다. 조금 작은 강아지는 꼬리를 흔들며 처음 보는 우리를 향하여 곧 달려들어 품에 안기고 싶어 하나 목줄이 기둥에 묶여 있어 마치 안타까운 비명소리 같이 들린다.

　차가 공장 안으로 들어서니 쇳물을 붓고 두드리는 요란한 소리와 쇠를 깎는 톱 소리들이 귀를 짜릿하게 했다.

반갑게 맞아준 후배 K선생과 함께 공장을 둘러보며 작업의 순서를 하나하나 이야기하고 있는데 아내가 정색을 하며 내게 와서 이야기 좀 하자고 한다. 설명하는 K선생에게 양해를 얻고 아내를 따라 공장입구로 나가면서 무슨 일인지 물었다.

"여보! 큰일 났어요."
"왜, 무슨 일인데?"
"저기 있는 강아지 보이지요."
아내가 손으로 가리키는 강아지는 흰 바탕에 빨강에 가까운 황토색 무늬가 있고 귀가 축 늘어진 통통하고 다리가 약간 짧은 개였다. (집에 돌아와서 책에서 찾아 본 개의 이름은 스위스 종, 세인트 버너드)

"그래 귀여운데, 그런데 왜?"
"큰일 났어요. 저 아저씨가 조금 후에 저 강아지를 잡아서 공장 일꾼들과 먹을 것이래요. 어쩜 좋아……"
아내는 조금 전에 그 강아지가 귀여워서 얼굴과 목을 쓰다듬고 있는데 K선생 아버님께서 조금 후에 그 강아지를 잡아먹을 것이라고 했다는 것이다. 아내는 얼굴이 붉게 달아올라 있었고 발을 동동 구르면서 어찌할 바를 모르고 있었다.
나도 걱정이 앞서서 그 강아지를 보니 강아지도 그 사실을 알고 있는 듯 힘없이 앉아 있었고 눈에 눈물을 머금고 있었다.

　나는 아내 보고 잠깐 기다리라 해놓고 자동차에 올라 잠깐 다녀오겠다고 말하고 공장을 빠져나왔다. 아랫마을에 내려가서 올라오면서 보았던 구멍가게에 들려 라면 한 박스와 식빵 한 다발을 사가지고 공장으로 되돌아 왔다.

　라면과 식빵을 차에서 꺼내 K선생에게 주었다.
　"서 교수님 이거 웬 라면입니까?"
　"K선생 힘든 일 하시는데 라면도 끓여 잡수시고... 그리고... 부탁이 하나 있어서......"
　"무슨 부탁인데요?"
　"저기 저 강아지 말예요......"
　"아아 저거, 오늘 잡아먹을 건데요"
　"그런데 내 아내가 강아지를 너무 좋아하는데 저 강아지가 귀엽다고 안아보고 좋아하고,.. 내가 보기엔 몸집이 작기도 하고 상당히 말랐거든......
그래서 아직 잡아먹긴 이른 것 같아요. 그러니 우리가 집에 데리고 가서 살을 많이 찌운 다음에 데려오면 안 될까."
　"저래 봬도요, 저 강아지는 이제 늙어서 더 이상 크지도 않을걸요."
　"괜찮아, 우리는 잘 키우는 것에는 도사이니 그렇게 해요."
　"정 그러시다면 그렇게 하세요. 아버지 예, 그 강아지서 선생님에게 풀어 주이소."

아내와 나는 안도의 숨을 쉬며 또 다른 말 할까봐 강아지를
안고 빨리 자동차에 태웠다. 다음에 다시 오겠노라고 말하고
선 도망치듯이 그곳을 빠져나왔다.
한참을 달리다가 우리는 정신을 차렸다.
이제 이 강아지를 어떻게 해야 할지가 걱정이었다.
우리 집에는 이미 아주 작은 수돌이가 있었고, 우리 수돌이보
다 다섯 배 정도 더 큰 중개를 우리 집 안에서는 도저히 키울
환경이 못 되었다.

"여보 얼마 전에 TV에서 보았는데 파주 어딘가에 어떤 할머니가 개를 수십 마리 키우는 것을 보았어요. 그리로 가면 안 될까?"

나는 이곳저곳 전화를 해서 그곳을 알아냈고 서너 시간 만에 파주가 아닌 포천의 어느 산골짝을 찾게 되었다.

전화에서 알려준 대로 산골 입구에 다다르면 우리 아이들이 기다릴 것이라고 했는데 사람은 아무도 없고, 개 열 마리 정도가 길옆에 앉아서 우리를 환영하듯 짖어 대며 기다리고 있는

축제C 캔버스 유채 91.0×72.7 **서봉남作**

것이 아닌가.

아내가 강아지를 안고 내리니까 열 마리의 강아지들이 앞장서서 안내를 하고 있는 것이 아닌가?

한참 언덕길을 올라 언덕을 넘어가니 널빤지에 '천국의 집'이라는 페인트 글씨가 씌여 있었다. 입구에는 전화로 통화했던 오륙십 세쯤 되어 보이는 할머니가 강아지 한 마리를 안고 우리를 반갑게 맞았다.

"좋은 일 하셨어요. 하마터면 또 한 마리가 희생될 뻔했네요."

우리는 너무나 감동스러운 광경을 보고 있었다. 사나운 큰 개들로부터 작은 강아지까지 수백 마리의 개들이 우리가 반가워서 짖어대는데 산속에 아름다운 합창 음악소리처럼 들려왔다. 할머니는 우리 부부를 안내하면서 개들을 소개했다.

"저놈은 우리 집에서 제일 말썽꾸러기여서 벌 받느라 묶여있고, 저놈은 너무나 내성적이어서 혼자 있기를 좋아하고, 내가 안고 있는 이놈은 우리 집에서 제일 막내 녀석이고..."

이런 식으로 수백 마리 되는 개들을 소개하고 있었다.

할머니는 서울 길거리에서 방황하는 강아지들을 모아 기르기 시작했고 그 수가 많아져서 쫓기고 쫓겨서 이곳까지 오게 되었다고 했다. 그 많은 사료들은 동물을 사랑하는 사람들이 모금해서 보내 준다고 했다.

나는 감동스러운 광경을 보면서 내 지갑에 들어있는 돈을 모두 꺼내어 사료 사라고 주었다.

아내가 안고 있던 강아지는 어리둥절한 눈빛으로 다른 개들을 둘러보며 겨우 몇 시간 우리와 같이 있었을 뿐인데 달싹 달라붙어 떨어지지 않으려 안간힘을 쓰고 있었다.

잠시 동안이지만 정든 강아지와 헤어질 때 아내와 나는 눈물을 글썽거릴 수밖에 없었다.

아내의 옷은 진흙으로 흠뻑 젖어 있었고 우리는 아무 말 없이 서울로 향했다.

한참의 침묵이 끝나고 아내가 한마디 했다.

"여보! 우리 강아지 그곳에서 적응 잘 하겠지요."

-또 하나의 가족이야기 (3) -

영국신사 수돌이

작은 생명의 불씨가 꺼져가는 수돌이를 위해 무엇이든 하고 싶었지만 아무것도 해줄 게 없었다. 나는 서러운 울음을 터트렸다. 아내도 곁에서 지켜보며 슬픔을 이기지 못하며 흐느껴 울기 시작했다.

우리 집은 대문에 벨도 없고 자물쇠도 없어서 문을 밀면 그냥 스르르 열린다.(내가 초등학교 때 제일 감동받은 책이 '장발장'이며 나도 어른이 되면 신부처럼 누구든지 집에 들어오도록 문을 잠그지 않았다. 지금은 이웃사람들 강요로 하는 수 없이 잠그지만……)

내가 문을 밀고 들어서면 동시에 제일 먼저 달려 나와 나의 품속에 안기는 녀석이 있다. 깨끗한 검정 양복에 흰 와이셔츠, 검정 나비넥타이를 매고 단정하게 다려 입은 영국신사 수돌이가 나에게는 신사 체면도 없이 그냥 좋아서 졸랑거리며 어쩔 줄 몰라 한다.

우리 수돌이는 엄마도 있고 누나도 있고 가끔 집에 오는 형도 그를 사랑하고 좋아하지만, 아빠인 내가 집에 돌아오면 다른 가족 모두를 배반하고 나에게만 찰싹 달라붙어서 다른 가족들의 미움을 사기도 한다.

수돌이는 조금씩 커가면서 엄마와 아빠 사이에서 잠을 자 오다가 결국 요즘은 안방에는 엄마 혼자 잠을 자고, 나와 수돌이는 서재 방에서 같이 자게 되었다. 나의 팔을 베개 삼고 나를 꼭 껴안고 쌕쌕거리며 잠자는 수돌이를 내려다보며 깨물어주고 싶도록 너무나 귀엽고 사랑스러워서 아내에게는 미안했지만 행복했었다.
아내도 나의 마음을 이해하고 있는 것 같았지만......

세상이 온통 연초록과 분홍색으로 물든 봄이 찾아오는 길목의 어느 날,
방문 앞에서 수진이의 바쁘고 숨 가쁜 목소리가 들렸다.
"엄마 문 열어."
나와 아내는 이미 저녁 밥상을 치우고 앉아 대화하고 있는데 문밖에서 수진이의 급한 목소리에 아내가 일어나 문을 열어주었다. 수진이는 한쪽 어깨에 무거운 책가방을 메고 있었고 두 손을 서로 포개고 조심조심 들어오고 있었다.
우리는 손바닥에 무엇이 들어있는지 궁금해하면서도 걱정하면서 지켜보고 있었다.

오스트리아 잘츠부르크 인상 캔버스 유채 91.0×72.7 **서봉남作**

유럽 한가운데 자리 잡은 오스트리아, 산 아래 도나우 강을 끼고 발달한 아름다운 음악의 도시 비엔나, 슈트라우스의 아름답고 푸른 도나우 강을 비롯하여 왈츠의 선율을 떠올리고 음악 신동 모차르트가 태어난 곳, 1세기 로마제국의 군영지가 축조된 이래 2천 년 역사를 지닌 빈은 합스부르크 왕가의 650년에 걸친 도읍지였다. 합스부르크 왕가의 상징 호프부르크 궁전, 쉰부른 궁전, 빈의 상징 성 스테반 성당 등이 유명하다. 음악의 중심도시 잘츠부르크의 오페라극장, 스위스와 비슷하면서도 전혀 다른 소박함을 간직한 나라, 사운드 오브 뮤직의 배경이 되었던 도시다.

"엄마, 아빠! 놀라지 마, 짠!" 하면서 수진이는 포갠 양손을 벌렸다.

"어머!"

궁금해 하던 아내의 비명은 기쁨으로 변했고, 얼굴에는 화색이 돌았다.

"아빠 이것 좀 봐!"

수진이의 작은 손바닥에는 조그마한 검정색의 쥐새끼 한 마리가 꼼지락거리고 있었다. 틀림없는 쥐새끼로 보였지만 수진이는 강아지라고 우겼다. 내 눈으로 보아 5, 6센티미터밖에 안 돼 보이는, 이렇게 작은 강아지는 처음 보았다.

"어머, 아직 눈도 안 떴네?"

아내와 수진이는 귀엽고 좋아서 어쩔 줄을 몰라 했다.

수진이는 학교 수업이 끝나면 야학에서 언니, 오빠들을 가르치는 야학선생이다. 야학에서 한 여학생이 자취집에서 기르던 강아지가 세 마리의 새끼를 낳고 어미가 죽어서 아직 눈도 뜨지 않은 새끼를 학교에 가져와 선생님들에게 한 마리씩 나누어주었는데 그중의 한 마리라고 했다.

아내와 나는 바로 동네 슈퍼에 달려가 우유와 젖병을 사가지고 집으로 돌아와서 머리맡에 수건으로 폭신하게 집을 만들고 밤새도록 우유를 먹이면서 '살 수 있을까?' 걱정하면서 지켜보았다.

가족들의 정성으로 강아지는 점점 꿈틀거리면서 우유도 잘 받아먹고 차츰 눈도 뜨면서 우리를 쳐다보는 것이 여간 귀여운 것이 아니었다. 수진이가 데려왔고 수컷이어서 '수돌이'라고 이름 지어 주었다.

수돌이는 조금씩 자라면서 온 방을 휘젓고 다니면서 말썽을 부리지만 그것도 귀여울 뿐이었다. 조그마한 녀석이 개성도 있어서 자기 고집을 부릴 줄도 알고 자기가 좋아하는 짓만 골라하는 것이 사람과 똑같다는 생각을 하였다.

우리 집은 'ㄷ'자 한옥 집으로 복판에 네모의 작은 마당이 있어서 수돌이는 잠은 방에서 자지만 마당은 놀이터로 안성맞춤이다. 마당과 방안을 드나들며 망나니 노릇 하지만 집 밖에만 나가면 얌전해지고 영국 신사답게 권위를 지키는 행동까지 하였다. 집 밖에 나가면 몇 시간 아니 하루 종일 있어도 변을 아무 곳에나 누지 않고 참는 인내심도 발휘한다.

우리 가족이 아프면 돈 없다고 병원에 가지 않고 참아 버리는데 우리 수돌이가 아파 보이면 빨리 병원엘 데려가 주사 맞히고 약 먹이며 정기적으로 건강관리를 한다.

의사 선생님은 "아이고, 복덩이 왔네"하면서 맞이한다. 의사 선생님은 혈통이 좋은 강아지가 많은데 잡종인 우리 수돌이가 끔찍이도 사랑받고 있는 것이 부러워서 복덩이라고 부른다.

나는 우리 수돌이가 비록 혼혈이지만 (동물병원 벽에 붙어있는 사진을 보니 비쩍 말라보이고 다리가 길쭉한 독일 종 도베

르만 미니핀셔와 키가 작고 똑똑하게 생긴 멕시코 종 치와와
가 합쳐진 것이 수돌이를 닮았다) 혈통 좋은 다른 강아지들보
다 수돌이가 내 눈에는 훨씬 예쁘고 잘생겨서 자랑스럽게 생
각하고 있었다.

나는 수돌이의 모습을 사진 찍어서 자동차 앞에도 붙이고 화
실에도 붙이고 지갑 속에도 넣고 다니며 수시로 들여다보며
사진과 대화를 한다. 수돌이 때문에도 집에 일찍 들어가고 멀
리 외국 전시여행을 가서도 아내에게는 정말 미안하지만 아내
보다도 수돌이가 더 보고 싶은 것이다.

수돌이가 우리 집에 입양되어 오면서부터는 또 다른 작은 행
복이 있었고 사람이 아닌 다른 생명체에도 관심을 갖기 시작
하였다.

수돌이가 우리 집에 온 지 11년 되던 해, 나에게 평생 잊을 수
없는 슬픔을 주었다.
어느 날 밤 수돌이가 나의 팔을 배개 삼아 코를 골며 잠을 자
다가 사료 외에는 절대로 무엇을 먹지 않던 수돌이가 갑자기
토하기 시작하였다. 괴로워하는 수돌이를 안고 병원으로 달려
갔으나 밤 12시가 넘어서인지 문이 닫혀 있었다.
다른 병원엘 가도 마찬가지여서 어쩔 수 없이 1시쯤 집으로 돌
아와야 했다.

물을 먹이며 안정을 찾도록 온갖 정성을 들였으나 괴로워하던 수돌이는 새벽 3시쯤 가쁜 숨을 몰아쉬며 나의 품속에서 나를 바라보며 두 눈에 눈물을 주르르 흘리고 있었다.

나는 수돌이를 푹신한 침대에 뉘였다.
수돌이는 눈물이 흐르는 눈으로 나를 조용히 바라보며 마지막 작별 인사를 하는 것 같았다. 나는 작은 생명의 불씨가 꺼져가는 수돌이를 위해 무엇이든 하고 싶었지만 아무것도 해줄 게 없었다. 나는 서러운 울음을 터트렸다. 아내도 곁에서 지켜보며 슬픔을 이기지 못하며 흐느껴 울기 시작했다.

죄송스럽게도 십수 년 전에 돌아가신 나의 아버님 장례식에서도 이렇게 눈물을 흘려보지 못한 불효자였는데 수돌이가 죽고는 일주일 동안 눈물이 마르지 않았다.

수돌이가 죽은 이튿날 아침 일찍 우리 집 미니화단에 손으로 흙을 파고 수돌이를 잘 묻어 주었다. 우리 수돌이가 더 좋은 하늘나라에 가서 행복하게 있기를 기도했다.

삼대 가족 나와 비

어느 날 아내의 비명소리에 달려 나갔는데 창문 앞에 쥐가 한 마리 죽어 있었다. 알고 보니 고양이가 잡아서 창문 앞에 놓은 것이었다.

나른한 봄볕이 창을 통해 거실 소파로 쏟아지는 어느 날이다.

나는 책을 펴들고 한참 독서 중인데 창 밑쪽에서부터 작은 삼 각형 귀 네 개가 살며시 솟아오르더니 이어서 삼각형 눈 네 개 가 집안을 들여다보고 있었다.

그들은 항상 앞 베란다에서 뒹굴며 놀기도 하고 낮잠 자던 도 둑고양이 부부이다. 이 고양이 부부의 암컷은 흰 바탕에 검정 무늬인지 아니면 검정바탕에 흰무늬인지 모를 옷을 입고 있 고, 수컷은 황토색 바탕에 흰 줄무늬를 가진 훤칠하고 잘생긴 멋쟁이 신랑이다.

지금부터 몇 달 전, 밤만 되면 아기울음 소리를 내며 구애하 던 그 사내가 지금은 신랑이 되어 아주 우리 집 주변에서 신접 살림을 차린 고양이 부부이다.

이 부부 고양이는 나와 눈이 마주쳐도 눈길을 피하지 않고 나를 보고 있다가 내 옆에서 조용하게 앉아서 나의 독서 장면을 지켜보고 있는 영국신사 수돌이에게로 눈길을 돌린다.

"저 개는 팔자도 좋지! 옛날 같으면 우리가 집 안에 있어야 하고 저 개는 마당에 있어야 맞는 것 아냐?" 하는 소리가 들리는 것 같았다.

두 고양이는 부럽기도 하고 약간은 빈정 상한 눈빛으로 수돌이를 바라보는 것 같았다.

어느 날 밖에 나갔다가 집에 들어오는데 수놈 고양이가 뒷모습을 보이며 집안에서 창 너머로 살짝 나가는 것이었다.

"수돌아?"

나는 걱정이 되어서 수돌이를 불렀다. 수돌이는 고양이보다 작아서 자기보다 덩치가 큰 고양이를 무서워했기 때문이다.

수돌이는 침대 이불 속에 숨어서 눈치를 살피고 있었다.

그런 일이 있고 난 다음부터는 창문을 잘 닫고 다니는 습관이 생겼다.

이듬해 봄이 지나고 어느 여름날, 집 뒤쪽 나의 그림도구를 비롯하여 잡동사니가 쌓여 있는 창고에서 아기고양이 울음소리가 들렸다. 소리를 따라 들어간 나는 창고 구석에 있던 먼지 수북한 소파 위에서 꼼지락거리는 아기고양이 세 마리를 발견할 수 있었다. 아내와 나는 헌옷을 가져다가 폭신하게 그리고 따뜻하게 집 모양을 만들어주었다.

그 아기고양이들은 매일 매일 크기가 달라지더니 이제는 제법 이리저리 돌아다니며 자기들끼리 장난을 치곤 했다.

아내와 나는 그 모양이 너무나 귀여워 어쩔 줄 몰랐다.

우리가 가까이 가려 하면 재빨리 숨는 것이 아마도 엄마에게 교육을 잘 받은 모양이었다. 낮에 엄마 고양이가 먹고 살기 위해 일 나가고 없는 사이에만 우리는 몰래 살짝 들여다보며 노는 것을 지켜보았다.

두 마리는 건강하게 뒹굴며 잘 노는데 막내 고양이 한 마리는 엄마 젖을 못 먹었는지 자라지도 않고 허약해서 기어 다니기

씨름 캔버스 유채 45.5×53.0 **서봉남作**

힘들어 항상 구석에만 움츠려 누워 있었다. 막내 고양이는 형들 고양이가 엄마 젖을 독차지해 곧 굶어 죽을 것만 같았다.

아내와 나는 집 안으로 막내 고양이를 데리고 들어와서 입을 벌려 찻숟갈로 우유를 먹여보려 했지만 아기 새끼고양이는 반항하며 먹지를 않았다.

이때 창고 문 앞에서 어미 고양이가 "야-웅"하며 새끼를 부르고 있었다.

우리는 엄마 고양이에게 들키고 미안한 마음으로 빨리 창고 구석 소파에 아기 고양이를 가져다 놓았었는데 이튿날 다시 가보니 그 막내 아기고양이가 없어졌다.

동네 아주머니 왈, 야생 고양이는 사람의 손을 타면 엄마는 새끼를 죽여서 아무도 모르는 곳에 없애버린다는 것이었다. 그것이 정말인지?

그 후 우리 부부는 두 마리 새끼 고양이마저 잃을까봐 절대로 만지지 않고 멀리에서만 지켜보았다.

아기고양이 두 마리 중 한 마리는 엄마의 옷을 입었고 다른 한 마리는 아빠를 쏙 빼닮은 수컷이었다.

그들은 무럭무럭 자라서 우리 수돌이 사료를 제법 잘도 먹는다. 그러나 엄마 아빠 고양이는 사료를 먹지 않아서 생선을 먹이기 시작했다. 눈이 많이 오는 겨울에는 고양이 먹이로 생선 통조림을 먹이기 시작했는데 어느덧 이 고양이 가족들은 이제 반 집고양이가 되었다.

대문을 들어서면 마당에서는 고양이 네 식구가 나를 맞아주고 집 안에서는 수돌이가 꼬리를 흔들며 반겨 우리 집 안은 동물과 사람이 평화롭게 사는 천국이 되어갔다.

어느 날 아내의 비명소리에 달려 나갔는데 창문 앞에 쥐가 한 마리 죽어 있었다.

알고 보니 고양이가 잡아서 창문 앞에 놓은 것이었다.

고양이는 쥐를 잡아서 고마운 주인에게 갖다 준다는 이야기를 이미 들었기 때문에 그다지 놀라지는 않았지만 이젠 쥐를 잡아오지 않았으면 하고 생각했다. 우리 집 주변 슈퍼의 생선 통조림은 모두 우리 집에서 바닥내주었다.

어느 날 우리는 한 블럭 앞 동네로 이사를 했다.

지금까지 우리 집은 단독주택이어서 집 밖의 고양이도 도와줄 수 있었으나 이제 새로 이사한 집은 여덟 세대가 함께 사는 빌라여서 그럴 수가 없었다. 고양이들을 걱정하면서도 우리의 가족인 수돌이만 데리고 이사를 갈 수밖에 없었다.

새로 이사한 집을 정리하고 난 보름쯤 지난 어느 날.

"여보!"

주차장에서 아내가 다급하게 큰 소리로 부르는 소리에 뛰어나 갔다.

"여보 고양이가 왔어요."
"어디?"
반가운 소리에 나도 주차장 자동차 밑을 보았다.

그곳에는 그동안 못 먹었는지 비쩍 말라서 초라한 아빠 고양 이와 아빠를 닮은 아들 새끼고양이가 꼬리를 치켜들고 우리를 반기고 있었다. 어떻게 알고 찾아왔는지 신기했지만 오지 않 은 엄마 고양이와 암컷새끼가 궁금했다.

그날부터 1층 주차장은 아빠 고양이와 아들 고양이의 안식처 가 되었다. 어느 날 아빠 고양이가 등에는 검정색, 배 부분은 흰색이며 코의 오른쪽에 검은 점이 있는 새엄마를 데려왔다. 아들 고양이가 새엄마를 따라다니며 재롱을 부리며 가까워지 는 것을 보면서 안심이 되었다.

우리는 아침저녁 먹이를 주기 시작했는데, 어느 날 아내는 큰 걱정을 하고 있었다. 동네 사람들이 우리 집을 싫어하며 불평 을 한다고 했다. 우리가 고양이 밥을 주기 때문에 사람들은 무 섭기도 하고 위생이 불결한 동물이 들끓게 되어 싫다는 것이 었다. 우리 구에서는 음식물 쓰레기 분리처리를 실시하여서 그 여파로 야생동물들이 먹을 것이 없어서 멸종된다는 소식이 요즘 TV에 자주 나오는 것을 보면서 고양이를 우리가 돕지 않으면 안 된다는 생각을 하며 계속 밥을 주었다.

어느 날 반장이 우리에게 경고했다. 강아지는 집 안에서 키우니 괜찮은데 혐오감 주는 고양이에게 밥을 주지 말고 집 주변과 길바닥에 똥을 싸는 비둘기에게도 밥을 주지 말라는 것이었다. 앞으로 비둘기 밥은 학교 운동장이나 공원에서만 주겠다고 약속하고, 만약 고양이가 없어지면 쥐가 많이 생겨날 텐데 쥐 있는 것이 좋습니까, 고양이가 있는 것이 좋습니까 하고. 고양이는 변을 사람 눈에 띄지 않게 보는 깨끗한 동물이며 절대로 사람을 해치는 동물이 아니라는 설명을 해주었다.

반장은 동네 사람들에게서 신고가 들어와서 전했을 뿐이라며 되돌아갔고 우리 부부는 동네 사람들이 손가락질해도 개의치 않고 고양이에게 생선을 주었다.

한참 후 아빠 고양이는 일주일이 넘도록 어딜 갔는지 오지 않았다. 바람이 났나 생각도 들었고 배고프면 돌아오겠지 하며 기다렸으나 한 달이 되어도 나타나지 않았다.

아빠 고양이는 분명 어디에서 죽은 것이 틀림없었다.

그러나 엄마와 아기고양이는 우리 집 주변에서 멀리 가지 않고 잘 살고 있다.

우리는 두 고양이에게 이름을 지어주었다. 새끼는 이제 멋진 청년이 되어서 '나'라고 짓고 엄마는 '비'라고 이름 지었다.

밥 먹을 시간이 되면 "나비야"하고 부르면 두 마리가 "야-
웅"하면서 밥 먹으러 온다.
"건강하게 행복하게 잘 살아라. 아빠가 너희들 밥은 굶지 않
게 얻어 올게"

"따르르릉!!!"
"여보세요? ××식당입니다. 아! 고양이 화가 선생님. 오늘 나
오시게요, 알았습니다.
생선 모아 놓을 게요."

멀리멀리 날아라 기행아

-또 하나의 가족이야기(5) -

한참 후 기행이는 제법 날개에 털이 자라났고 날갯짓을 하며 높이 뛰기도 하며 1미터 정도씩 날기도 했다. 기행이가 우리 집에 오고 세 달 지난 어느 날, 아내에게서 다급한 목소리로 전화가 왔다.

아내의 핸드백 속에는 자기 물건 외에도 항상 쌀이 한 봉지 들어 있다. 그것은 길을 지나가다가 비둘기를 보면 쌀을 뿌려 주기 위해서다.

나는 비교적 자주 곡식가게에 들러 쌀을 산다. 처음에는 값이 쌀 것이라 생각하고 보리나 다른 잡곡을 사왔지만 오랫동안 경험을 한 결과 쌀이 더 싼 것을 알고 요즘은 쌀만 사온다.

어느 날 점심을 먹으려고 집 문을 열고 들어오니 아내가 나를 앞쪽 베란다로 급하게 데리고 갔다.

"여보 잘 왔어요. 보여줄 게 있어요."
베란다 한쪽에 있는 라면박스 속에 웬 걸레 같은 덩어리 하나가 꿈틀거리고 있었다.

"이게 뭐야?"

"여보, 비둘기야."

"뭐, 비둘기라고?"

자세히 보니 비둘기가 틀림없었다.

아내가 병원에 다녀오다 쓰레기 쌓여있는 길거리에 무엇이 꼼지락거려서 자세히 보니까 비둘기 온몸에 쥐를 잡는 끈적이가 붙어서 날개가 모두 붙어버렸고 발바닥에도 온통 붙어서 날지도 걷지도 못하고 숨만 쉬고 있더라는 것이다.

나는 빨리 가위를 가져와서 한 시간 걸려 비둘기 털을 모두 잘라냈다.

그리고 걸레로 온몸을 목욕시키고 보니 그 상처 입은 비둘기는 조그마한 알몸의 병아리같이 되었다.

아내는 새로운 라면 박스 한쪽에 수건으로 폭신한 방을 만들고 먹이와 물을 준비해 주었다. 우리를 두려워하던 비둘기는 점점 우리와 친해져갔다.

일주일쯤 지나니까 베란다 끝까지 걸어서 왔다 갔다 하기도 하고 유리문 안으로 보이는 안방을 들여다보기도 한다. 기운 내고 비행기처럼 날라고 '기행이'라고 이름 지어주었다.

기행이가 조금 더 넓은 공간에서 놀도록 안방에 들여놓으면 온 방을 돌아다니며 똥을 싸고 오줌으로 방을 엉망으로 만들지만 그래도 그렇게 귀여울 수가 없다. 이제 우리를 보아도 달

이탈리아 베니스 인상 캔버스 유채 72.7×60.6 **서봉남作**

　시내 전체가 모두 유적지인 로마, 영화와 미술, 그리고 문학의 무대로 강렬한 이미지를 주는 로마, 생각보다 작은 도시 로마, 테베레 강 건너 편에 세계 가톨릭 총 본산인 바티칸 시국이 있는 로마, 태양의 나라, 장화모양으로 생긴 반도, 제각기 독특한 문화와 역사를 자랑하는 고유의 전통과 풍속을 지닌 유럽에서 가장 역사가 깊은 도시 로마, 찬란한 로마 제국의 문화유산이 있는 거대한 박물관이 된 로마, 천재화가 레오나르 도 다빈치를 중심으로 미켈란젤로 등 많은 화가들에 의해 르네상스의 부흥을 맞은 곳 피렌체, 118개의 섬을 400여 개의 다리로 연결하여 만 든 도시 베네치아, 기독교 박해 지하묘굴인 카타콤 등 유럽문화의 요람 지이다. (작품－로마교황청 광장, 콜로세움, 피렌체, 제노바의 피사탑, 베니스 등)

아나지 않고 가까이 점점 더 가까이 오기 시작한다.

기행이를 바라보는 것이 기분 좋아서 빨리 퇴근하여 털이 얼마만큼 자랐나를 확인한다.

시간이 흘러 기행이가 우리 집에 온 지 한 달이 넘으니 털이 제법 많이 자라서 복슬복슬해져 갔다. 날개털은 더디 자라지만 제법 날개를 펴고 이삼십 센티는 뛰어오르곤 한다.

밖의 길가에서 아내가 모이를 주는 비둘기 떼를 기행이도 내려다보면서 부러워서 그쪽으로 가려다가 투명한 창문에 머리를 들이받는다.

"기행아, 조금만 더 자라라. 얼마 후면 너도 저렇게 날아다니며 친구들을 만날 수 있을 거야."

또 한참 후 기행이는 제법 날개에 털이 자라났고 날갯짓을 하며 높이뛰기도 하며 1미터 정도씩 날기도 했다. 기행이가 우리 집에 오고 세 달 지난 어느 날,
아내에게서 다급한 목소리로 전화가 왔다.

"여보 큰일 났어요. 기행이가……기행이가……"
아내의 목소리는 떨리고 있었다. 나는 기행이에게 무슨 변이 생긴 것이 틀림없다고 생각하고 화실에서 빨리 집으로 달려왔다. 방문을 열고 들어가니 방 안에는 아무도 없었다.

아내도 기행이도.......

나는 아내를 소리쳐 불렀는데 옥상에서 아내의 목소리가 들렸다. 나는 단숨에 5층 옥상으로 뛰어 올라갔다. 아내는 나를 보더니 걱정스러운 목소리로 말했다.

"여보, 기행이가 없어졌어요."

"어떻게 된 일인지 자세히 말해 봐요."

아내는 날씨도 따뜻하고 기행이가 집 안에만 갇혀 있어서 넓은 곳에서 바람도 쏘이며 재미있게 놀라고 옥상에 데려와 놓아주었는데 조금 후 와서 보니까 기행이가 없어졌다는 것이다. 옥상은 사방에 가슴 높이의 담이 쌓여 있어서 아직 기행이가 그 높이를 뛰어넘지 못하리라 생각하고 놓았지만 비둘기는 그 담을 넘어간 것이다.

5층 높이의 우리 집 빌라 옥상에서 내려다보면 좌측 옆집 2층 집이 내려 보이고 마당에는 나무가 무성하다. 그 집 마당에는 사나운 진돗개가 항상 으르렁거리고 있기 때문에 그 집으로 뛰어내렸으면 위험할 것이 분명했다. 그러나 설마....앞은 도로이니 앞으로 뛰어내렸겠지. 마음먹었다.

아내와 나는 우리 집 주변을 찾아 헤맸다. 아직 날개가 부실해서 멀리 못 날아갔을 것이고 분명히 길거리에서 걸어서 돌아다닐 텐데 골목길이지만 자동차는 물론이고 다른 짐승들의 밥이 될 것이었다.

우리 부부는 밖이 캄캄해질 때까지 찾아 헤매었지만 결국 기행이를 못 찾고 힘없이 집으로 돌아왔다. 아내는 자기가 기행이를 죽인 것이라고 자책하며 눈물을 흘린다

"여보, 걱정하지 말아요. 하나님께서 기행이를 잘 살도록 키워주실 거야."

아내를 위로하지만 사실은 나도 무척 걱정이 된다.

길거리에 날아다니는 비둘기만 보면 우리 기행이가 아닐까, 하는 생각이 든다.

이제는 많이 커서 용감하게 날아다니겠지!

잘 살아라, 귀여운 기행이야......

-또 하나의 가족이야기 (6) -
돌팔이 외과의사가 된 나

비둘기와 30여 분 같이 있었는데 오랜 세월 같이 살던 자식이 멀리 떠나는 감정이 되어 아내와 나는 눈에 눈물이 글썽 맺어 있었다.

 아내와 같이 집에서 두 블럭(버스 두 정류장거리)에 떨어진 곳의 대형마트에 쇼핑 가서 물건을 사고 오는 길에 미니 공원 벤치에 앉았는데 앉자마자 아내는 핸드백을 열고 무엇인가를 찾고 있었다.

 그리고 작은 비닐 속에 있는 쌀을 꺼내더니 한 주먹을 우리 앞에 뿌렸다.

 어느 사이에 비둘기 20여 마리가 하늘에서 내려와 먹이를 쪼아 먹기 시작했다.

아내와 나는 열심히 먹고 있는 비둘기를 바라보고 있는데 맨 끝에 삐쩍 마른 한 마리가 끝에서 절뚝거리며 팔딱팔딱 뛰어 먹이를 먹으려 하지만 건강한 녀석들이 먹이를 먹어치워서 먹지를 못해서 허약하게 되어 있었다.

나는 그 비둘기를 유심히 바라보니 두 다리에 수갑을 차고 있듯이 투명 낚싯줄에 두 다리가 꽁꽁 묶여있어서 반 뼘씩밖에 걸을 수 없으니 먹이를 먹지 못했다.

나는 벤치에서 일어나면서 "여보! 저기 저 비둘기 있지요. 저 비둘기가 먹이를 못 먹으니 당신이 그 비둘기를 불러 유혹하세요."

아내는 그 비둘기 앞에 모이를 주면서 가까이 오도록 유인을 했다. 나는 멀리 뒤편으로 돌아가서 먹이를 먹을 때는 한걸음 다가가고 고개를 쳐들 때는 망부석처럼 움직이지 않고, 그러니까 어린 시절에 "무궁화 꽃이 피었습니다."라고 말할 때 한걸음, 술래가 고개를 돌릴 때는 멈추듯이 비둘기에게도 그렇게 다가갔다.

비둘기는 먹이를 먹을 때는 뒤가 안 보이지만 고개를 쳐들 때는 사방이 보인다는 것을 알고 있는지라 나는 그렇게 그 비둘기에게 다가갔다.

한참 후 가까이 갔을 때 그 비둘기를 두 손으로 잡을 수 있었다.

두 발에 엉켜있는 낚싯줄을 풀 수 없을 정도여서 아내와 같이 빠른 걸음으로 집으로 향해 달려갔다.

집에 가야 수갑 줄을 해결할 것 같았기 때문이다.

집에 도착한 아내는 방에 뛰어 들어가서 의료상자를 들고 나왔고 비둘기를 아내가 붙잡았다.

처음에는 벗어나려고 몸부림쳤지만 조금 후 잠잠해져서 나는 가위를 들고 낚싯줄을 자르기 시작했다.

그것을 풀려고 얼마나 발버둥쳤는지 왼쪽 앞발가락 두 개는 이미 잘려 없어졌고, 오른쪽 앞발가락도 잘라져 없었다.

그러니까 왼쪽 발가락은 앞은 한 개 뒷다리 한 개 모두 둘이고, 오른쪽은 앞 두 개 뒤 한 개 모두 셋이었다.

줄을 모두 자르는데 한 줄은 이미 살 속에 파묻혀 있고 붙어 있어서 뺄 수가 없어서 살 속에 묻힌 상태로 튀어나온 부위만 가위로 잘라냈다.

낚싯줄을 제거하고 나니 두발이 따로따로 움직이는 것이 편하게 보였다.

비둘기는 좋은지 가만히 쉬면서 우리를 쳐다보고 있었다.

살이 패인자리에 소독약을 발라주면서 눈을 보니 우리가 해칠 사람으로 안 보였는지 동그란 눈으로 우리를 안심하고 보고 있었다.

"낚싯줄 때문에 힘들었지! 이제 안심하고 열심히 살아라." 하면서 머리를 쓰다듬어 주었다. "불쌍한 것..." 아내도 불쌍하고 걱정된 얼굴이 조금 풀어지면서 울먹였다.

가만히 있는 비둘기를 쓰다듬으며 정리를 해주고 힘껏 하늘에 던져주었다.

독일 인상B 캔버스 유채 72.7×60.6 **서봉남作**

비둘기는 커다란 날개를 펴고 하늘을 날아 건너편 5층 지붕 위에 앉아 우리를 바라보고 있었다.

"어서 친구들에게 가거라!"하며 손으로 가라고 흔들었지만 약 5분 가까이 가지도 않고 우리를 바라보고 있었다.

한참 되었는데도 안 날아가니 아내는

"자기 집에 가는 방향을 잊었나 봐요."

"아냐 비둘기는 자기 집 방향을 잘 알고 있지만 헤어지기 싫어서 조금 앉아 있는 거야."라며 위로해 주었다.

비둘기가 거기 앉아 있는 것이 5분쯤 되었지만 30분쯤으로 느껴졌다.

드디어 비둘기는 마음을 잡았는지 힘차게 오던 방향으로 날아갔다.

그 비둘기와 30여 분 같이 있었는데 오랜 세월 같이 살던 자식이 멀리 떠나는 감정이 되어 아내와 나는 눈에 눈물이 글썽 맺혀있었다.

작품 색인

가슴 설렌다, 오늘 내가 할 일들!

김종호 지음 | 값 15,000원

책 『가슴 설렌다, 오늘 내가 할 일들!』은 국내 대표 회계법인인 KPMG삼정회계법인의 대표이사를 역임한, 세종CSV경영연구소 김종호 소장이 전하는 진정한 프로의식과 성공적 사회생활을 위한 노하우를 담은 책이다. 취업을 준비하는 청년들과 사회초년생들은 물론 한창 사회생활 중인 베테랑 직장인들까지 누구에게나 귀감이 될 만한 내용들이 담겨 있다.

성공하고 싶은 여자, 결혼하고 싶은 여자

김나위 지음 | 값 13,800원

"멋지게 나이 든다는 것은, 아름답게 자신의 인생을 가꾸어 가는 것!" 100만 명이 수강한 '라이프 & 비즈니스 코치, 김나위 소장'의 이 에세이는 이제 막 사회에 발을 들여놓은 2, 30대 여성은 물론 지금까지의 인생을 돌아보고 앞으로의 삶에 새로운 활력을 불어넣을 계기를 찾고 있는 4, 50대 여성들까지 누구나 꼭 한 번은 유심히 읽어봐야 할 내용들을 담아내고 있다.

수근수근 싸이뉴스

곽수근 지음 | 값 17,000원

2018년 도입되는 문·이과 통합교육과정(통합사회, 통합과학)을 고려하여, 다양한 뉴스로 중학교 전 과정의 과학 현상을 들여다볼 수 있도록 구성된 단 한 권의 책 『수근수근 싸이뉴스』는 최대의 재미와 흥미를 아이들에게 선사하기 위해 가상의 인물 싸이 박사와 저자 본인인 곽 기자가 등장하여 어려운 과학을 유쾌, 명쾌한 대화로 풀어나가며 독자의 흥미를 이끌어낸다.

일어나다

박성배 지음 | 값 15,000원

책 『일어나다』는 '고난은 신이 주신 선물'이라는 명제 아래, 이 힘겨운 삶을 이겨내고 행복을 품에 안기 위해 반드시 갖춰야 할 태도와 노하우를 담은 책이다. 저자의 풍부한 경험과 학문적 연구를 바탕으로 '책, 사람, 꿈, 믿음'이라는 네 가지 주제를 든든한 삶의 버팀목으로 제시한다.

하루 5분 나를 바꾸는 긍정훈련

행복에너지

**'긍정훈련' 당신의 삶을
행복으로 인도할
최고의, 최후의 '멘토'**

'행복에너지
권선복 대표이사'가 전하는
행복과 긍정의 에너지,
그 삶의 이야기!

인터파크
자기계발 분야 주간
베스트 1위

권선복 지음 | 15,000원

권선복

도서출판 행복에너지 대표
지에스데이타(주) 대표이사
대통령직속 지역발전위원회
문화복지 전문위원
새마을문고 서울시 강서구 회장
전) 팔팔컴퓨터 전산학원장
전) 강서구의회(도시건설위원장)
아주대학교 공공정책대학원 졸업
충남 논산 출생

책『하루 5분, 나를 바꾸는 긍정훈련 - 행복에너지』는 '긍정훈련' 과정을 통해 삶을 업그레이드하고 행복을 찾아 나설 것을 독자에게 독려한다.
긍정훈련 과정은 [예행연습] [워밍업] [실전] [강화] [숨고르기] [마무리] 등 총 6단계로 나뉘어 각 단계별 사례를 바탕으로 독자 스스로가 느끼고 배운 것을 직접 실천할 수 있게 하는 데 그 목적을 두고 있다.
그동안 우리가 숱하게 '긍정하는 방법'에 대해 배워왔으면서도 정작 삶에 적용시키지 못했던 것은, 머리로만 이해하고 실천으로는 옮기지 않았기 때문이다. 이제 삶을 행복하고 아름답게 가꿀 긍정과의 여정, 그 시작을 책과 함께해 보자.

『하루 5분, 나를 바꾸는 긍정훈련 - 행복에너지』